GRAMMAIRE FRANÇAISE

ANALYTIQUE ET PRATIQUE

COURS GRADUÉ ET COMPLET D'ÉTUDES GRAMMATICALES
SUR UN PLAN TRÈS-MÉTHODIQUE.

PAR

M. GALLIEN

Ancien Professeur de grammaire à l'École Normale de Versailles.

PREMIER VOLUME, RÈGLES GÉNÉRALES ET RÈGLES PARTICULIÈRES DE L'ORTHOGRAPHE

NOUVELLE ÉDITION, AMÉLIORÉE SOUS LE RAPPORT DU PLAN ET DE L'ÉTENDUE.

PARIS
LAROUSSE ET BOYER, LIBRAIRES-ÉDITEURS
49, RUE SAINT-ANDRÉ-DES-ARTS, 49

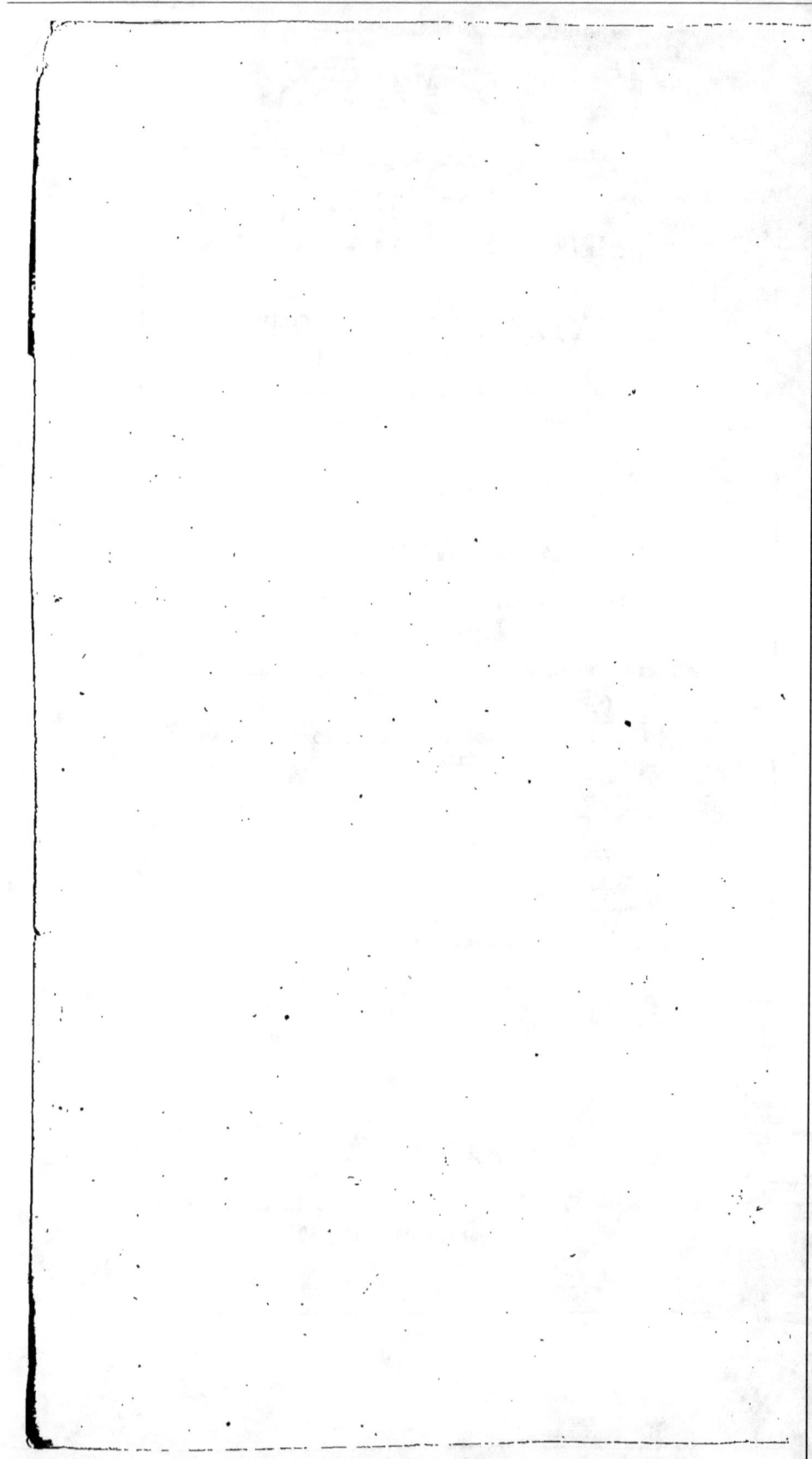

GRAMMAIRE FRANÇAISE

ANALYTIQUE ET PRATIQUE

COURS GRADUÉ ET COMPLET D'ÉTUDES GRAMMATICALES
SUR UN PLAN TRÈS-MÉTHODIQUE.

PAR

M. GALLIEN

Ancien Professeur de grammaire à l'École Normale de Versailles.

PREMIER VOLUME, RÈGLES GÉNÉRALES ET RÈGLES PARTICULIÈRES DE L'ORTHOGRAPHE

NOUVELLE ÉDITION, AMÉLIORÉE SOUS LE RAPPORT DU PLAN ET DE L'ÉTENDUE. — PRIX : CART., 1 FR.

PARIS

LAROUSSE ET BOYER, LIBRAIRES-ÉDITEURS

49, RUE SAINT-ANDRÉ-DES-ARTS, 49

ON TROUVE A LA MÊME LIBRAIRIE :

EXERCICES ET DICTÉES

Sur les difficultés de l'Orthographe française, contenant : 1° des Dictées préparatoires sur chaque difficulté; 2° cent Dictées en texte suivi. — 3e édit., prix : 1 fr. 50 c.

POUR PARAITRE INCESSAMMENT :

Exercices et *Dictées*, correspondant numéro par numéro au 1er volume de la **Grammaire analytique et pratique.**
LIVRE DE L'ÉLÈVE; LIVRE DU MAÎTRE.

COULOMMIERS. — Typographie A. MOUSSIN.

AVERTISSEMENT

SUR CETTE NOUVELLE ÉDITION

Nous avons toujours été persuadé, et nous le sommes chaque jour davantage, que l'ordre analytique est la plus sûre méthode pour l'enseignement d'une science quelconque. C'est donc cet ordre que nous avions suivi dans les précédentes éditions de notre grammaire; et nous le suivons pareillement dans celle-ci, où nous n'avons introduit de changements que pour la rendre plus pratique. Ainsi :

Après les notions préliminaires, indispensables dès le début pour l'intelligence de certaines dénominations dont on est obligé de se servir tout d'abord, nous donnons :

1° En un chapitre seulement les définitions des espèces de mots, sans nous occuper de leurs sous-espèces, de manière à mettre l'élève en état de distinguer au plus tôt un nom, un adjectif, etc., et d'en faire une analyse simple, soit de vive voix, soit par écrit, d'après des modèles que nous en donnons à la fin de ce chapitre même, indépendamment d'un tableau récapitulatif de toute la leçon.

2° En neuf chapitres l'examen successif des neuf espèces de mots, dont nous faisons connaître à mesure les divisions et subdivisions avec leurs propriétés de genre, de nombre, de personne, de mode, de temps, etc., ainsi que leurs fonctions et leurs rapports. Cela nous permet de présenter, chacune en son lieu, les règles générales du genre, du nombre, etc.

Ici finit la 1re partie, dont le résultat assuré est la connaissance complète de l'analyse grammaticale et des règles générales d'orthographe. Comme le chapitre 1er, elle se termine par un tableau récapitulatif, et chaque chapitre par de nombreux modèles d'analyse.

La 2e partie est sur le même plan que la précédente. Elle comprend, outre un chapitre sur l'orthographe *usuelle* en général, neuf chapitres sur l'orthographe *grammaticale* particulière à chaque espèce de mots, ainsi que les règles de ponctuation et les homonymes.

Comme on le voit, cette partie est le complément de la première; mais celle-ci en est tout à fait indépendante; et l'élève qui n'aura pu étudier la seconde, n'en aura pas moins acquis une connaissance satisfaisante de l'orthographe.

Ces deux premières parties comprennent donc tout ce qui concerne l'art d'écrire correctement, et ce sera là, bien longtemps encore peut-être, le plus essentiel de la grammaire dans le plus grand nombre de nos écoles. Nous en avons fait pour cette raison, et pour d'autres que l'on comprendra, un volume à part. Il sera facile de le compléter par le volume qui y fait suite, et qui comprend aussi deux parties, savoir : l'Orthologie et un Traité complet d'orthographe usuelle.

A ce premier volume se rattache numéro par numéro un livre d'exercices gradués, formant, avec le volume publié chez MM. Larousse et Boyer, un tout bien complet d'exercices orthographiques.

TABLE DES MATIÈRES

Les chiffres indiquent les pages du livre.

FIN DE LA TABLE.

Coulommiers. — Typog. A. MOUSSIN.

GRAMMAIRE FRANÇAISE

NOTIONS PRÉLIMINAIRES

CHAPITRE Ier

ÉLÉMENTS LOGIQUES DU DISCOURS.

1. La grammaire est l'art d'exprimer correctement nos pensées par des mots.

2. Exprimer une pensée par des mots, c'est dire d'un objet quelconque (animé ou inanimé) qu'il EST tel ou tel, ou bien qu'il FAIT telle ou telle chose. Exemples : *La science* EST *utile* ou *La science* REND *utile*. — *Le vice* EST *méprisable* ou bien *Le vice* REND *méprisable*.

3. Quand l'expression d'une pensée est complète par elle-même, sans le secours d'une autre, elle s'appelle PHRASE.

Ainsi,

4. *La science est utile* forme une phrase quand cette réunion de mots suffit à exprimer la pensée que l'on veut rendre; mais ce n'en est pas une si elle est accompagnée d'une autre pensée qui s'y rattache, comme quand on dit : *La science est utile pourvu qu'elle s'occupe de choses utiles*. Pareillement, *Le vice est méprisable* est une phrase si cette pensée n'a besoin d'aucune autre pour rendre toute l'idée; mais ce n'est qu'une partie de phrase quand on dit,

par exemple : *Le vice est méprisable, car il nous dégrade et nous avilit.*

Dans l'exemple *La science est utile pourvu qu'elle s'occupe de choses utiles*, il y a deux pensées :

1° *La science est utile.*

2° *Elle s'occupe de choses utiles.*

Lesquelles sont liées (ici par les mots *pourvu que*) de manière à n'en former qu'une.

Dans l'exemple *Le vice est méprisable, car il nous dégrade et nous avilit*, il y en a trois :

1° *Le vice est méprisable.*

2° *Il nous dégrade.*

3° *Il nous avilit.*

Ainsi,

5. Les phrases sont simples ou composées. Les parties simples d'une phrase composée et les phrases simples elles-mêmes s'appellent PROPOSITIONS.

Par conséquent,

6. Une proposition est la simple AFFIRMATION que l'on EST ou que l'on FAIT quelque chose.

7. Ainsi, il y a des propositions qui affirment que l'on est, et d'autres que l'on fait ceci ou cela.

Les premières sont formées :

1° De l'être dont on dit telle ou telle chose : on l'appelle SUJET.

2° De la chose qu'on dit du sujet : on la nomme ATTRIBUT.

3° D'un mot par lequel on affirme que le sujet est ou n'est pas la chose marquée par l'attribut : c'est le VERBE.

Dans l'exemple *La science est utile*, le sujet est *science* parce que c'est l'être dont on parle; *utile* est l'attribut parce que c'est ce que l'on dit du sujet; et le mot *est* est le verbe parce que c'est le mot par lequel on affirme que le sujet *science* est la chose marquée par l'attribut *utile.*

La seconde espèce de proposition est formée :

1° Comme la première, d'un sujet.

2° D'un verbe. Mais ce verbe se trouve ne former qu'un mot avec l'attribut, comme dans *Paul étudie*, qui signifie *Paul* EST ÉTUDIANT.

Dans ce cas, le sujet est présenté non plus seulement comme ÉTANT, mais comme FAISANT quelque chose.

8. Le verbe, en général, est un mot marquant existence ou action. On le reconnaît à la possibilité de le faire précéder des mots *je*, *tu*, *il*, *nous*, *vous*. Exemples : *Je* SUIS, *tu* ES, *il* EST, *nous* SOMMES, *vous* ÊTES, *ils* SONT. — *J'*ÉTAIS, *tu* ÉTAIS, *il* ÉTAIT, *nous* ÉTIONS, *vous* ÉTIEZ, *ils* ÉTAIENT. — *Je* SERAI, *tu* SERAS, *il* SERA, etc. — *J'*AIME, *tu* AIMES, *il* AIME, *nous* AIMONS, *vous* AIMEZ, *ils* AIMENT. — *J'*ÉTUDIERAI, *tu* ÉTUDIERAS, etc., etc.

9. Il y a dans une phrase autant de propositions que de verbes avec sujet.

Ce sujet peut être sous-entendu. Exemple : *Il travaille et réussit*, qui est mis pour *Il travaille et* IL *réussit*.

10. Les éléments de la proposition sont donc le sujet, le verbe et l'attribut.

11. Chacune de ces parties peut avoir des dépendances ou COMPLÉMENTS. Par exemple, quand on dit : *La science du bien est la première de toutes*, le sujet *science* est accompagné d'une dépendance, *du bien*, qui sert à en compléter le sens, et que l'on appelle pour cela son complément. De même, l'attribut *première* est complété par les deux mots *de toutes* qui l'accompagnent.

12. Le sujet, le verbe, l'attribut et les compléments, quels qu'ils soient, se composent de *mots*.

13. Les MOTS sont des signes de nos idées.

14. Par IDÉES, il faut entendre les images que notre esprit se forme des objets, comme lorsque nous nous représentons, par exemple, un *arbre*, une *ville*, la *vertu*; ou bien une action, comme *aimer*, *courir*; ou une qualité, comme *bon*, *mauvais*, etc.

CHAPITRE II

ÉLÉMENTS PHONIQUES ET GRAPHIQUES DES MOTS.

15. Les mots sont parlés ou écrits. Ils se composent de *syllabes*.

16. On appelle SYLLABE une émission de voix.

Ainsi,

17. Il y a dans un mot autant de syllabes que l'on y compte d'émissions de voix : dans *Dieu*, il y en a une; dans *bonté*, deux; dans *vérité*, trois; dans *providence*, quatre; dans *admirablement*, cinq; etc.

18. Un mot d'une seule syllabe est un MONOSYLLABE; un mot de deux syllabes, un DISSYLLABE; un mot de plus de deux syllabes, un POLYSYLLABE.

Ainsi, *Dieu* est un monosyllabe; *bonté*, un dissyllabe; *vérité*, *providence*, *admirablement*, des polysyllabes.

19. Les syllabes se composent de *lettres*.

20. Les LETTRES sont des caractères représentant, dans l'écriture, les sons et les articulations ou mouvements de la voix.

21. Il y a deux sortes de lettres : les *voyelles* et les *consonnes*.

22. Les VOYELLES représentent les sons de la voix : *a*, *e*, *é*, *è*, *i*, *y*, *o*, *u*, *eu*, *ou*, *an*, *ain*, *un*, etc.

23. Les voyelles sont *simples* ou *composées*, *brèves* ou *longues*.

24. Les voyelles SIMPLES sont celles qui ne sont formées que d'une seule lettre : *a*, *e*, *é*, *è*, *i*, *y*, *o*, *u*. (Dans l'alphabet, *a*, *e*, *i*, *o*, *u*, *y*.)

25. Les voyelles COMPOSÉES sont celles qui sont formées de plus d'une lettre : *ai*, *au*, *ei*, *eu*, *oi*, *ou*, *an*, *ain*, *ia*, *ieu*, etc.

26. Parmi les voyelles composées, il y en a qui représentent un double son dans la même émission de voix : on les appelle DIPHTHONGUES. Exemples : *oi*, *ui*, *ian*, etc.

27. D'autres sont dites NASALES parce qu'elles se

prononcent du nez. Ce sont *an*, *am*, *en*, *em*, *in*, *im*, *ein*, *eim*, *ain*, *aim*, *yn*, *ym*, *on*, *om*, *un*, *um*, *eun*, *oin*, *oim*, *ouin*.

M s'emploie au lieu de *n* dans les mots devant *b*, *p*, *m*. Exemples : *ambition*, *embarquer*, *emmener*, *empêcher*, etc. Excepté, *bonbon*, *bonbonne*, *bonbonnière, embonpoint*.

28. Les voyelles BRÈVES sont celles qui se prononcent rapidement. Les LONGUES ont dans la prononciation deux fois l'étendue de la brève.

Ainsi, *a* est bref dans *patte* (d'animal), et long dans *pâte* (farine pétrie); *e* est bref dans la première syllabe de *cette*, et long dans la première de *fête*, etc.

29. E est dit MUET quand le son en est faible, comme dans *homme;* ou tout à fait nul, comme dans *joie*.

30. E est dit FERMÉ quand il représente un son aigu, comme dans *bonté*, *archer*.

31. E est dit OUVERT quand le son en est grave et plein, comme dans *succès*, *objet*.

32. Y vaut un *i* simple après une consonne et au commencement des mots, comme dans *mystère*, *yeux*. Il vaut deux *i* après une voyelle. Exemples : *moyen* (moi-ien), *joyeux* (joi-ieux), nous *croyons* (croi-ions), etc.

33. Les consonnes représentent les articulations ou mouvements de la voix : *b*, *c*, *d*, *f*, *g*, *h*, *j*, *k*, *l*, *m*, *n*, *p*, *q*, *r*, *s*, *t*, *v*, *x*, *z*, *ch*, *ph*, *gn*, *qu*, *bl*, *br*, *cr*, *chr*, *ps*, etc.

34. Les consonnes sont *simples* ou *composées*, *douces* ou *fortes*, *muettes*, *liquides*, *nasales*, *sifflantes*, *aspirées*, *mouillées*, etc.

35. Les consonnes SIMPLES ne sont formées que d'une lettre. (Dans l'alphabet *b*, *c*, *d*, *f*, *g*, *h*, *j*, *k*, *l*, *m*, *n*, *p*, *q*, *r*, *s*, *t*, *v*, *x*, *z*.)

36. Les consonnes COMPOSÉES sont formées de plus d'une lettre : *ch*, *ph*, *gn*, *qu*, *il* (*l* mouillé), *bl*, *br*, *cr*, *chl*, etc.

37. Parmi les consonnes composées, il y en a qui expriment une double articulation. On les appelle DOUBLES : *bl*, *br*, *cl*, *cr*, *chl*, *chr*, *dr*, *fl*, *fr*, *phl*, *phr*, *gl*, *gr*, *pl*, *pr*, *tr*, *vr*, *ps*, *st*.

La consonne *x* est aussi une consonne double, mise pour *gz* ou pour *ks*.

38. Les consonnes sont DOUCES quand, pour être prononcées, elles ne demandent qu'un faible mouvement de l'organe vocal : *b*, *d*, *j*, *v*, *z*, etc.

39. Les consonnes FORTES sont celles dont l'expression exige un fort mouvement de l'organe vocal : *p*, correspondant à la douce *b*, *t* à *d*, *ch* à *j*, *f* à *v*, *s* à *z*, etc.

40. Les consonnes MUETTES sont celles qui ne peuvent être prononcées qu'avec le secours d'une voyelle : *b*, *p*, *d*, *t*, *g*, *c*, *k*, *q*.

41. Les muettes sont LABIALES, GUTTURALES OU DENTALES, selon qu'elles se prononcent des lèvres, comme *b*, *p*, ou du gosier, comme *g* (dur), *c* (dur), *k*, *q*, ou des dents, comme *d*, *t*.

42. Les LIQUIDES sont celles qui se lient facilement avec d'autres dans la prononciation : *l*, *r*, *m*, *n*, comme dans les mots *blanc*, *brun*, *croix*, *hymne*.

43. Les liquides *l*, *r* se joignent particulièrement aux muettes pour former les doubles : *bl*, *br*, *cl*, *cr*, etc.

44. Les NASALES sont ainsi appelées parce qu'elles se prononcent du nez : *m*, *n*, *gn*. On appelle pareillement nasales les voyelles modifiées par *m*, *n*, comme *am*, *an*, *im*, *on*, etc., (27).

45. On nomme SIFFLANTES certaines consonnes qui produisent une sorte de sifflement quand on les prononces : *s*, *x*, *z*, *c* (doux) et *t* devant *i* dans certains cas. Exemples : *silence*, *exil*, *zizanie*, *nation*, *minutieux*, etc.

46. Nous n'avons dans notre langue qu'une consonne ASPIRÉE, qui est *h*; encore ne l'est-elle pas toujours.

47. H est ASPIRÉ quand il fait prononcer du gosier la voyelle suivante (*), comme dans *haine*. Il est MUET dans les autres cas, comme dans *homme*, *histoire*.

(*) Oui, mais quand? On ne peut donner de règle sûre à cet égard, si ce n'est la liste des mots où *h* est aspiré.

48. En général, un mot commence par *h* aspiré quand, devant ce mot, on ne peut pas élider *e* du mot *le* ou *a* du mot *la*.

Ainsi, *hameau* commence par *h* aspiré parce que l'on ne peut pas dire *l'hameau*, mais *le hameau*. Pareillement *haine* commence par *h* aspiré parce que l'on ne dit pas *l'haine*, mais *la haine*. Au contraire, *h* de *histoire* est muet parce que l'on dit *l'histoire* et non *la histoire*.

49. La consonne *l* est MOUILLÉE (*) après *i* ordinairement, comme dans *péril*, *travail*, *famille*, *veillons*.

50. En général, *l* est mouillé à la fin d'un mot quand il l'est dans le corps d'un mot analogue.

Ainsi, il est mouillé dans *péril*, *persil* parce qu'il l'est dans *périlleux*, *persillé*.

51. C et G sont DOUX devant *e*, *i*, *y*; ils sont DURS dans les autres cas. Exemples : *Ceci*, *cynique*, *canon*, *côté*, *cupidité*, *cri*, *sac*; *gémir*, *gîte*, *gypse*, *galon*, *goguenard*, *grec*, *Agay*, etc.

52. Pour rendre le *c* dur devant *e*, *i*, on le change ordinairement en *qu*. Exemples : *Banc*, *ban*QUE; *public*, *publi*QUE. Pour l'adoucir devant *a*, *o*, *u*, on le souscrit d'une cédille (ç), comme dans *annonça*, *leçon*, *reçu*.

53. Pour rendre le *g* dur devant *e*, *i*, on le fait suivre de *u*, comme dans *guerre*, *guide*. Pour l'adoucir devant *a*, *o*, *u*, on y ajoute *e*, comme dans *engagea*, *geôlier*, *gageure*.

54. On appelle ALPHABET la réunion des voyelles et des consonnes simples : *a*, *b*, *c*, *d*, *e*, *f*, *g*, *h*, *i*, *j*, *k*, *l*, *m*, *n*, *o*, *p*, *q*, *r*, *s*, *t*, *u*, *v*, *x*, *y*, *z* : en tout vingt-cinq lettres, dont six voyelles et dix-neuf consonnes (**).

55. Les lettres se font plus ou moins grandes, et

(*) Ce nom lui vient de ce qu'elle se prononce en effet comme mouillée de salive.

(**) Nous avons vu que *x* est une lettre double ; *y*, *q* et *k* feraient évidemment double emploi : le premier avec *i*, et les deux autres avec *c* dur, s'ils ne servaient aussi : *y* pour deux *i* (*ij* devenus *y*), *qu* pour le *c* dur devant *e*, *i*, et *k* dans des mots techniques ou étrangers.

sont dites alors MAJUSCULES ou MINUSCULES. On commence par une majuscule ou grande lettre :

1° Les phrases (3).

2° Les noms PROPRES, c'est-à-dire, ceux par lesquels on désigne tout particulièrement telle ou telle personne, telle ou telle chose, comme par exemple, quand on représente un homme par son nom de *Pierre* ou de *Paul*, ou bien une femme par son nom de *Louise* ou de *Marie*, ou bien un fleuve par son nom de *Rhône* ou de *Rhin*, une ville par son nom de *Paris*, un peuple par celui de *Français*, etc.

3° Les vers.

56. Il est encore d'autres signes graphiques nécessaires à connaître. Ce sont les *accents*, le *tréma*, la *cédille*, l'*apostrophe*, le *trait d'union* ou tiret, le *trait de séparation*, la *parenthèse*, les *guillemets* et les signes de *ponctuation*.

57. On appelle ACCENTS des signes orthographiques que l'on met sur les voyelles pour en modifier le son, comme dans *extrême*, *extrémité*, et quelquefois comme signes de distinction, comme sur *u* de *dû* pour le distinguer de *du*.

58. Il y a trois accents : l'accent *aigu* (é), l'accent *grave* (è) et l'accent *circonflexe* (ê).

59. L'accent AIGU se met sur les *e* FERMÉS (30) non modifiés par une consonne, c'est-à-dire, non suivis d'une consonne dans la même syllabe, comme dans *bonté*, *vérité*.

60. L'accent GRAVE se met :

1° Sur les *e* OUVERTS (31) non modifiés par une consonne, comme dans *mère*, *avènement*.

2° A la fin des mots en *ès*, de plus de trois lettres, comme *décès*, *succès*, *près*, *auprès*.

C'est pour raison de prononciation.

3° Comme signe de distinction sur *a*, *e*, *u*, dans certains mots. Exemples *à*, *là*, *dès*, *où*, qui s'écrivent aussi *a*, *la*, *des*, *ou*.

61. L'accent CIRCONFLEXE se met :

1° Sur certaines voyelles longues, ordinairement pour remplacer une lettre que l'on y ajoutait autrefois. Exemples : *âge* (aage), *forêt* (forest), *apôtre* (apostre), *naître* (naistre), etc.

2° Comme signe de distinction sur *u* dans certains cas ; *dû*, *tû*, *crû*, *sûr*, *mûr*, qui s'écrivent quelquefois *du*, *tu*, *cru*, *sur*, *mur*.

62. On appelle TRÉMA (¨) un signe formé de deux points que l'on place horizontalement sur *i*, *u*, *e*, pour les faire prononcer séparément d'une voyelle précédente. Exemples : *Égoïste* (égo-iste), *Saül* (Sa-ul), *ciguë* (cigu-ë).

63. La CÉDILLE (¸) est un petit signe que l'on met sous le *c* (ç) pour l'adoucir devant *a*, *o*, *u*. Exemples : *deçà*, *hameçon*, *aperçu*.

64. On appelle APOSTROPHE (') un signe d'élision qui remplace *a*, *e*, *i* à la fin de certains mots devant une voyelle ou *h* muet. Exemples : *L'armée* au lieu de *la armée*, *l'histoire* au lieu de *la histoire*, *l'argent* pour *le argent*, *il m'aime* pour *il me aime*, *s'il veut* pour *si il veut*, etc.

65. Le TRAIT D'UNION (-) sert ordinairement à joindre les membres d'une expression composée. Exemples : *Chou-fleur*, *fer-à-cheval*, *vingt-cinq*, *quatre-vingts*, *moi-même*, etc.

66. Le TRAIT DE SÉPARATION (—) a deux fois la longueur du trait d'union. Il sert :

1° A séparer des phrases détachées. Exemples : *Aimez l'étude. — Attendez-vous à la pareille. — Les hommes ont besoin les uns des autres.*

2° A indiquer un changement d'interlocuteur. Exemples : *Où allez-vous ? — A la campagne. — Quand reviendrez-vous ? — Je ne sais.*

67. La PARENTHÈSE ( ) est formée de deux crochets renfermant une explication qui interrompt la marche naturelle de la phrase. Exemple : *Il a oublié* (QUI L'AURAIT CRU DE LUI?) *les plus simples devoirs de la bienséance.*

68. Les GUILLEMETS (« ») sont de petits crochets dans lesquels on renferme une citation. Exemple : « *Aimez-vous les uns les autres,* » *disait saint Jean.*

69. Enfin, les signes de PONCTUATION sont destinés à diviser plus ou moins le discours écrit. Ces signes

sont, en montant du plus faible au plus fort, la VIRGULE (,), le POINT AVEC VIRGULE (;), les DEUX POINTS (:), le POINT (.).

70. On y ajoute le point INTERROGATIF (?), le point EXCLAMATIF (!) et les points SUSPENSIFS (...). Les deux premiers marquent de plus la nature des propositions (si elles sont interrogatives ou exclamatives).

Voir plus loin les divers développements.

PREMIÈRE PARTIE

Espèces de mots.

71. Il y a neuf espèces de mots (*) : le *nom*, l'*article*, le *pronom*, l'*adjectif*, le *verbe*, la *préposition*, l'*adverbe*, la *conjonction* et l'*interjection*.

CHAPITRE Ier

DÉFINITIONS.

72. Le NOM est un mot qui sert à nommer les personnes et les choses.

Ainsi *Pierre*, *Marie* sont des noms parce qu'ils servent à nommer des personnes; *livre*, *bonté*, *chef-d'œuvre*, *foule* sont des noms parce qu'ils servent à nommer des choses.

73. L'ARTICLE est un petit mot qui se met devant le nom pour le déterminer, c'est-à-dire, pour préciser l'étendue de sa signification.

Les seuls articles sont *le*, *la*, *les*, *du*, *des*, *au*, *aux* (**).

74. Pour que *le*, *la*, *les* soient articles, il faut qu'ils précèdent un nom, comme quand on dit : *Le* CIEL, *la* TERRE, *le grand* HOMME, *la belle* HISTOIRE, *les bons* ÉLÈVES, etc.

Ainsi, ils ne sont pas articles quand on dit : *Je* LE *tiens*. — *Tu* LA *vois*. — *Nous* LES *connaissons*. — *Prenez*-LE. — *Croyez*-LA. — *Arrêtez*-LES.

75. *Le*, *la* s'écrivent *l'* devant un mot commençant par une voyelle ou par *h* muet (64).

(*) Le participe est trop évidemment un mode de verbe pour que nous puissions en faire une espèce de mot.

(**) L'article n'est en réalité que le pronom personnel *le*, *la*, *les*. Ainsi, *l'homme* signifie *lui homme* (lui qui est homme), *les autres* veut dire *eux autres*, etc.

Et c'est pourquoi il détermine le nom. Il en est même le seul déterminatif; car les adjectifs appelés de ce nom ne sont tels que parce qu'ils renferment l'article : *Mon livre* veut dire LE *livre mien* (de moi); *cet homme* signifie L'*homme d'ici*; *vingt francs* est pour DES *francs* au nombre de *vingt*; *tout homme*, pour *un homme* LE *quelconque de la totalité*, etc.

76. Dans ce cas, pour connaître si *l'* est mis pour *le* ou pour *la*, on introduit par la pensée entre *l'* et le nom un mot commençant par une consonne, tel que *bon*, *mauvais*, *grand*, *petit*, etc. Ainsi, on reconnaît que *l'honneur* est pour *le honneur* parce que l'on peut dire LE *bel honneur*, et que *l'activité* est pour *la activité* parce que l'on peut dire LA *grande activité*.

77. Le PRONOM est un mot qui remplace le nom. Exemples : *Moi*, *toi*, *lui*, *elle*, *nous*, *vous*, *eux*, *lequel*, *celui-ci*, *le mien*, *quelqu'un*, *quiconque*, etc., (103).

Comme le nom, il représente les personnes et les choses, mais il ne les nomme pas. Ainsi, le pronom *moi* représente une personne, mais ce n'est pas le nom de cette personne, de même *toi*, *lui*, *nous*, *vous*, etc.

78. L'ADJECTIF est un mot que l'on ajoute au substantif (nom ou pronom) (*) pour marquer une manière d'être. Exemples : *bon*, *mauvais*, *grand*, *petit*, *mien*, *tien*, *vingt*, *quelconque*, etc.

79. On connaît l'adjectif à la présence du substantif auquel il est joint (**).

80. Ainsi, *bon* est un adjectif dans la phrase *Dieu est bon* parce qu'il y est ajouté à un substantif, qui est *Dieu*; mais ce n'en est pas un dans *Les bons seront récompensés* parce qu'il n'y est joint à aucun substantif. Il est alors substantif lui-même.

81. Certains adjectifs sont quelquefois pronoms, et certains pronoms adjectifs. Ce sont *mien*, *tien*,

(*) Le mot *substantif*, employé pour désigner le nom et le pronom, nous semble parfaitement juste, le pronom représentant les êtres aussi bien, sinon mieux, que le nom lui-même.

(**) L'adjectif marque *quel* on est. Le propre de ce mot est de tenir, d'adhérer au substantif, comme, dans la nature, la qualité tient à la substance. On peut très-bien faire de cette propriété un moyen de distinguer l'adjectif de tout autre mot avec lequel il pourrait être confondu :

1° De l'*article*. Ce mot se joint au nom, il est vrai, mais il ne marque pas de manière d'être.

2° Du *pronom*. Certains pronoms peuvent être adjectifs, mais c'est précisément quand ils sont joints à un substantif.

3° De la *préposition*. Même observation que pour l'article.

4° Enfin, de l'*adverbe*; car l'adjectif est toujours joint à un substantif, l'adverbe jamais.

sien, notre, votre, leur, ce, un, autre, plusieurs, aucun, nul, tel, même, tout.

82. Ces mots sont adjectifs quand ils sont accompagnés de leur substantif (79). Exemples : CE *livre est* MIEN. — UN *homme n'est pas* UN *ange.* — TEL *père,* TEL *fils.* — UNE *autre fois, n'y venez pas,* etc.

83. Ces mêmes mots sont pronoms quand ils ne sont pas joints à un substantif, mais qu'ils le remplacent. Exemples : *Voici le* MIEN, *et voilà le* VÔTRE. — CE *serait un grand malheur.* — L'UN *dit oui,* l'AUTRE *dit non.* — TEL *qui rit vendredi, dimanche pleurera.*

84. C'est ordinairement par l'emploi de l'article ou de l'adjectif que quelques-uns deviennent ainsi pronoms. Exemples : LE *leur,* LA *même,* LES *uns,* QUELQUES-*uns,* etc.

85. Le VERBE exprime que l'on EST ou que l'on FAIT quelque chose. Exemples : *être, aimer, partir* (*).

86. On connaît le verbe à la possibilité d'y joindre les pronoms *je, tu, il, nous, vous* de cette manière : *J'aime,* TU *aimes,* IL *aime,* NOUS *aimons,* VOUS *aimez,* ILS *aiment* (8).

Ainsi, *parlons* est un verbe parce que l'on peut dire : *Je parle, tu parles, il parle, nous parlons, vous parlez, ils parlent.*

Ils sont restés est un verbe parce que l'on peut dire : *Je suis resté, tu es resté, il est resté, nous sommes restés, vous êtes restés, ils sont restés.* Et il est formé de deux verbes :

1° *Sont* (je suis, tu es, il est, nous sommes, vous êtes, ils sont).

2° *Restés* (je reste, tu restes, il reste, nous restons, vous restez, ils restent).

J'ai écrit est un verbe parce que l'on peut dire : *J'ai écrit, tu as écrit, il a écrit, nous avons écrit, vous*

(*) Puisque le verbe lie l'attribut au sujet, il devrait toujours exprimer que le sujet EST la chose marquée par l'attribut, et, par conséquent, toujours marquer l'existence. Mais il arrive le plus souvent que l'attribut est contracté avec le verbe. Comme il marque alors ordinairement une action, voilà pourquoi on définit le verbe *un mot exprimant que l'on* EST *ou que l'on* FAIT *quelque chose* ou encore, *un mot exprimant l'existence ou l'action.*

avez écrit, ils ont écrit. Et il est formé de deux verbes :

1° *Ai* (j'ai, tu as, il a, nous avons, vous avez, ils ont).

2° *Ecrit* (j'écris, tu écris, il écrit, nous écrivons, vous écrivez, ils écrivent) (*).

87. La PRÉPOSITION est un mot qui se place avant le substantif pour le joindre à un mot qui précède.

Ainsi, quand on dit : *Je vais de Paris à Lyon pour affaires*,

DE est une préposition joignant *Paris* qui suit, à je *vais* qui précède (je vais de Paris).

A est une préposition joignant *Lyon* qui suit, à je *vais* qui précède (je vais à Lyon).

POUR est une préposition joignant *affaires* qui suit, à je *vais* qui précède (je vais pour affaires).

88. On nomme COMPLÉMENT de la préposition le substantif qui la suit; et ANTÉCÉDENT le mot auquel ce substantif est joint par la préposition.

Dans l'exemple précédent, *Paris*, *Lyon*, *affaires* sont compléments de *de*, *à*, *pour*, et le verbe *vais* leur antécédent.

89. L'ADVERBE est un mot qui s'ajoute au verbe, ou à l'adjectif, ou à un autre adverbe pour le modifier (**).

Ainsi, quand on dit : *Il travaille assidûment. — Vous écrivez bien. — Il est très-studieux. — Il parle fort éloquemment*,

---

(*) Dans cette réunion de deux verbes n'en formant qu'un, c'est le dernier qui donne son nom à tout le verbe ; le premier ne lui sert que d'AUXILIAIRE.

(**) Modifier signifie ajouter une idée nouvelle. Ainsi, *grande* modifie *bonté* quand on dit *une grande bonté; lentement* modifie *marcher* quand on dit *marcher lentement ;* et *trop* modifie *lentement* quand on dit *marcher trop lentement*, comme *très* modifie *lente* quand on dit *une marche très-lente*.

Or, quand un modificatif se rapporte à un substantif, comme *grande* dans *une grande bonté*, il est ADJECTIF ; mais quand il se rapporte ou à un verbe, comme *lentement* dans *marcher lentement*, ou à un adjectif, comme *très* dans *une marche très-lente*, ou enfin à un adverbe, comme *trop* dans *marcher trop lentement*, c'est un ADVERBE.

Ainsi, jamais l'adverbe ne se rapporte à un substantif.

Assidûment est un adverbe, modifiant le verbe *travaille*.

Bien est un adverbe, modifiant le verbe *écrivez*.

Très est un adverbe, modifiant l'adjectif *studieux*.

Fort est un adverbe, modifiant l'adverbe *éloquemment*.

90. Un moyen de distinguer l'adverbe de la préposition, c'est que celle-ci a toujours un complément immédiat ou direct (88), et que l'adverbe n'en a pas.

91. On connaît facilement à quel mot un adverbe se rapporte en faisant différentes questions de temps, de lieu, de manière, de quantité, etc., (*quand?* *où?*, *comment ?*, *combien?*, etc.,). Exemples :

Il dort toujours. — *Il dort* QUAND? TOUJOURS.

Il travaille bien. — *Il travaille* COMMENT ? BIEN.

Il travaille beaucoup. — *Il travaille* COMBIEN ? BEAUCOUP.

92. La CONJONCTION est un mot qui sert à lier deux propositions, ou deux parties de proposition (*).

Ainsi, quand on dit : *Dieu a voulu que l'homme souffrît afin qu'il méritât par le courage et la résignation*,

QUE (le premier) est une conjonction, liant la proposition *l'homme souffrît* à la précédente *Dieu a voulu.*

QUE (le second) est une conjonction, liant la proposition *il méritât par le courage et la résignation* à *Dieu a voulu que l'homme souffrît.*

(*) Il n'y a guère dans le langage que des *substantifs* et des *conjonctifs*, comme il n'y a dans la nature que des êtres et des rapports. On trouve en effet :

1° Le conjonctif par excellence, liant l'attribut au sujet. C'est le VERBE.

2° Le conjonctif servant à lier le substantif à un mot précédent. C'est la PRÉPOSITION.

A ce conjonctif se rattachent les contractions qu'on appelle *adjectifs* et *adverbes* (*divin* pour *de Dieu*, *sagement* pour *avec sagesse*, *beaucoup* pour *en quantité*, etc.,).

3° Le conjonctif liant une proposition qui suit à un substantif qui précède. C'est le PRONOM CONJONCTIF.

4° Enfin le conjonctif liant les propositions entre elles. C'est la CONJONCTION. On lui a donné ce nom plutôt qu'aux autres parce que, après le verbe, c'est le conjonctif le plus important. C'est elle qui constitue la PHRASE, comme le verbe la PROPOSITION.

ET est une conjonction liant *par la résignation* à *par le courage*, qui sont deux parties de la proposition *il méritât*.

93. Les conjonctions sont *et*, *ou*, *ni*, *mais*, *or*, *car*; *que*, *lorsque*, *puisque*, *quoique*, *quand*, *comme*, *si*.

94. OU n'est conjonction que quand il veut dire *ou bien*, comme dans *vaincre* OU *mourir*. Dans les autres cas, c'est l'adverbe pronominal *où*.

95. QUE est pronom, ou adverbe, ou conjonction.

1° Il est pronom quand il tient la place d'un nom. On le connaît à la possibilité de le remplacer par *lequel*, *laquelle*, *lesquels*, *lesquelles*, ou par *quelle chose*. Exemples : *La vertu* QUE (laquelle) *j'aime*. — QUE (quelle chose) *dites-vous?*

2° Il est adverbe lorsqu'il signifie *combien* ou *pourquoi pas*. Exemples : QUE (combien) *de fruits?* — QUE *n'y allez-vous* (pourquoi n'y allez-vous pas?)?

3° Il est conjonction dans les autres cas.

96. Le mot QUAND est adverbe lorsqu'il est interrogatif, et conjonction dans les autres cas. Exemples : QUAND *viendrez-vous?* — *On peut* QUAND *on veut*.

Alors il marque le temps. Sinon, c'est l'adverbe *quant*. Exemple : QUANT *à moi, je l'ignore*.

97. Le mot *si* n'est pas conjonction, mais adverbe devant un adjectif ou un adverbe. Exemples : *Dieu est* SI *bon!* — *Vous travaillez* SI *bien!*

98. Certains adverbes servent quelquefois de conjonctions. Par exemple, l'adverbe *ainsi*, qui signifie *de cette manière*, comme dans *Nous sommes faits* AINSI, devient une conjonction quand il veut dire *c'est pourquoi*, comme dans *Vous avez tort*, AINSI *n'insistez pas*.

99. L'INTERJECTION est un mot qui exprime les mouvements vifs et subits de l'âme. Exemples : *Oh! ah! hélas! ouf!* etc.

Ce sont des exclamations arrachées par la douleur, la surprise, la joie, l'admiration, etc.

100. Le nom sert quelquefois d'interjection. Exemples : *Malheur!* — *Ciel!*

RÉSUMÉ ET LISTES A CONSULTER.

101. NOMS. Tous les mots qui servent à nommer.

102. ARTICLES. *Le, la, les, du, des, au, aux.*

103. PRONOMS. I. *Je, me, moi, nous, tu, te, toi, vous, il, elle, le, la, les, lui, leur, eux, elles, se, soi, en, y.*

II. *Qui, que, quoi, dont, où, lequel, laquelle, lesquels, lesquelles, duquel, desquels, desquelles, auquel, auxquels, auxquelles.*

III. *Le mien, la mienne, les miens, les miennes; le nôtre, la nôtre, les nôtres — le tien, la tienne, les tiens, les tiennes; le vôtre, la vôtre, les vôtres — le sien, la sienne, les siens, les siennes; le leur, la leur, les leurs.*

IV. *Ce, celui, celle, ceux, celles — ceci, cela; celui-ci, celle-ci, ceux-ci, celles-ci, celui-là, celle-là, ceux-là, celles-là.*

V. *On, un, une, l'un, l'une, les uns, les unes, quelqu'un, quelqu'une, quelques-uns, quelques-unes, l'autre, les autres, un autre, d'autres, quelqu'autre, quelques autres, chacun, chacune, aucun, aucune, nul, nulle, personne, rien, tel, telle, tels, telles, quiconque, autrui, tout, tous, toutes, le même, la même, les mêmes.*

104. ADJECTIFS. I. Tous les mots marquant une qualité (concrète), comme *bon, grand*, etc.

II. *Mon, ma, mes, notre, nos — ton, ta, tes, votre, vos — son, sa, ses, leur, leurs — mien, mienne, miens, miennes — tien, tienne, tiens, tiennes — sien, sienne, siens, siennes.*

III. *Ce, cet, cette, ces.*

IV. *Un, deux, trois, quatre, cinq*, etc.; *premier, deuxième*, etc.

V. *Un, une; quel, quelle, quels, quelles; quelque, quelques; quelconque, quelconques; aucun, aucune; nul, nulle; chaque; tel, telle, tels, telles; plusieurs; autre, autres; tout, toute, tous, toutes; même, mêmes.*

105. VERBES. Tous les mots exprimant que l'on est ou que l'on fait quelque chose.

106. PRÉPOSITIONS. *De, à, en, dans, par, sur, sous, devant, derrière, entre, parmi, chez, vers, lès* (auprès), *ès* (dans) — *pendant, durant, avant, après, depuis, dès*

(depuis), *pour*, *envers* — *malgré*, *nonobstant*, *contre* — *avec*, *moyennant*, *selon*, *suivant* — *sans*, *excepté*, *hors*, *hormis*, *outre*, *sauf* — *voici*, *voilà*.

107. ADVERBES. I. *Alors*, *auparavant*, *aussitôt*, *autrefois*, *bientôt*, *cependant*, *déjà*, *demain*, *dernièrement*, *désormais*, *dorénavant*, *encore*, *enfin*, *ensuite*, *hier*, *incessamment*, *incontinent*, *jadis*, *jamais*, *lors*, *longtemps*, *maintenant*, *naguère*, *nuitamment*, *parfois*, *présentement*, *puis*, *quelquefois*, *sitôt*, *soudain*, *soudainement*, *tantôt*, *tard*, *tôt*, *toujours*.

II. *Ailleurs*, *alentour*, *auprès*, *çà*, *céans*, *ci*, *deçà*, *dedans*, *dehors*, *delà*, *dessous*, *dessus*, *ici*, *jusque*, *là*, *loin*, *où*, *près*, *proche*.

III. *Assez*, *autant*, *beaucoup*, *combien*, *davantage*, *guère*, *moins*, *peu*, *plus*, *que* (combien), *tant*, *trop*.

IV. *Néanmoins*, *pourtant*, *toutefois*.

V. *Ainsi*, *aussi*, *donc*, *partant*.

VI. *Assurément*, *certainement*, *certes*, *oui*.

VII. *Aucunement*, *ne*, *non*, *nullement*, *nenni*.

VIII. *Conjointement*, *ensemble*, *même*.

IX. *Environ*, *presque*, *quasi*, *quelque* (environ).

X. *Spontanément*, *volontiers*, *volontairement*, *exprès*.

XI. *Mieux*, *pis*, *si* (tellement), *tellement*, *très*.

XII. *Gratis*, *gratuitement*.

XIII. *Plutôt*.

XIV. *Quant*.

XV. *Comment? pourquoi? quand?*

XVI. *Prudemment*, *sagement* et autres adverbes de manière en *ment*.

108. CONJONCTIONS. I. *Et*, *ou*, *ni*, *mais*, *or*, *car*.

II. *Que*, *lorsque*, *puisque*, *quoique*, *quand*, *comme*, *si*.

109. INTERJECTIONS. I. *Ah! ha! oh! ho!*

II. *Hélas! eh! heu! aïe! ouf!*

III. *Fi! pouah!*

IV. *Hé! holà! hem! hum! hein!*

V. *Chut! st!*

VI. *Zeste! crac! pouf!*

VII. *Da! oui-da! ouais! dam!*

VIII. *O*.

Modèles d'analyse simple.

110. I. La fortune est inconstante, défions-nous de ses faveurs.

La	article, déterminant *fortune* (*).
fortune	nom, parce qu'il sert à nommer une chose.
est	verbe, parce qu'il marque que l'on est.
inconstante	adjectif, se rapportant à *fortune*.
défions	verbe, parce qu'il marque que l'on fait quelque chose.
nous	pronom, parce qu'il remplace des noms de personnes.
de	préposition, ayant pour complément *faveurs*, et pour antécédent *défions-nous*.
ses	adjectif, se rapportant à *faveurs*.
faveurs	nom, parce qu'il sert à nommer des choses.

111. II. Étudions avec ardeur, et nous acquerrons des connaissances.

Etudions	verbe, parce qu'il marque que l'on fait quelque chose.
avec	préposition, ayant pour complément *ardeur* et pour antécédent *étudions*.
ardeur	nom, parce qu'il sert à nommer une chose.
et	conjonction, liant *nous acquerrons des connaissances* à *étudions*.
nous	pronom, remplaçant des noms de personnes.
acquerrons	verbe, parce qu'il marque que l'on fait quelque chose.
des	article, déterminant *connaissances*.
connaissances	nom, parce qu'il sert à nommer des choses.

(*) On souligne les mots du texte cités dans l'analyse.

112. III. Oh! que nous sommes aveugles si nous cherchons le bonheur hors de la vertu!

Oh!	interjection, marquant la surprise.
que	pour *combien*, adverbe modifiant *aveugles*.
nous	pronom, remplaçant des noms de personnes.
sommes	verbe, parce qu'il marque que l'on est.
aveugles	adjectif, se rapportant à *nous*.
si	conjonction, liant *nous cherchons le bonheur* à *que nous sommes aveugles!*
nous	pronom, remplaçant des noms de personnes.
cherchons	verbe, parce qu'il marque que l'on fait quelque chose.
le	article, déterminant *bonheur*.
bonheur	nom, parce qu'il sert à nommer une chose.
hors	adverbe, modifiant *cherchons*.
de	préposition, ayant pour complément *vertu*, et pour antécédent *hors*.
la	article, déterminant *vertu*.
vertu	nom, parce qu'il sert à nommer une chose.

CHAPITRE II

NOM.

113. Il faut remarquer dans le nom :

1° L'espèce.

2° Le genre.

3° Le nombre.

4° La fonction.

ART. I. — ESPÈCES DE NOMS.

114. Il y a deux espèces de noms : le nom *commun* et le nom *propre*.

115. Le nom COMMUN est celui qui convient à toutes les personnes et à toutes les choses d'une même espèce. Exemples : *Homme*, *contrée*, *ville*, *fleuve*, *montagne*, *ciel*, *bonté*, *foule*, *chef-d'œuvre*, etc.

116. Le nom PROPRE est celui qui est particulier aux personnes et aux choses. Exemples : *Paul*, *Europe*, *Paris*, *Rhône*, *Alpes*, etc.

C'est un nom d'individu, comme le nom commun est un nom d'espèce.

117. Le nom propre devient quelquefois nom commun. C'est lorsqu'il cesse d'être particulier à celui qui le porte, comme *Césars* quand on dit : *La France a eu ses* CÉSARS.

Dans cet exemple, *Césars* ne représente pas César lui-même, mais des hommes semblables à lui.

118. Le nom commun devient quelquefois nom propre. C'est quand il cesse d'être général pour devenir particulier.

119. Par exemple :

1° Quand il remplace un nom propre comme surnom. *Le* PHILOSOPHE *de Genève* au lieu de J.-J. Rousseau. — *L'*AIGLE *de Meaux* pour Bossuet, etc.

2° Quand c'est un nom de dignité employé pour le nom même des personnes. Exemple : *Le* CONSUL (au lieu de Brutus) *fit frapper de mort ses propres fils*.

Les noms communs de divinités suivent la même règle. Exemples : *La* NYMPHE (Clymène) *consola son fils*. — *Le* DIEU (Apollon) *disgracié se fit berger*.

On est convenu, cependant, de considérer le mot *Dieu* comme nom propre quand il est mis pour la divinité en général. Exemples : *Que Dieu vous garde!* — *Puissent les Dieux vous être favorables!*

3° Quand il représente des êtres personnifiés, comme *Vertus*, *Vices* dans *Les Vertus devraient être sœurs ainsi que les Vices sont frères*.

4° Quand c'est un titre d'ouvrage, de chapitre, etc., comme *Frères* dans *Les Frères ennemis et Alexandre sont les plus faibles tragédies de Racine.*

5° Quand c'est un adjectif employé comme surnom. Exemples : *Louis-le-*GRAND. — *Charles-le-*CHAUVE (*).

120. Le nom, soit propre, soit commun, est encore appelé *composé, collectif, défini, indéfini, abstrait, verbal*, etc.

121. Le nom COMPOSÉ est celui qui est formé de plus d'un mot. Exemples : *Cerf-volant, arc-en-ciel, serre-tête, sous-lieutenant*, etc.

122. Le nom COLLECTIF est celui qui représente une collection, une réunion, une quantité. Exemples : *Foule, troupe, armée, société*, la *plupart*, etc.

123. Il y a deux sortes de collectifs : le collectif *général* et le collectif *partitif*.

124. Le collectif est GÉNÉRAL quand il représente une collection complète ou déterminée, c'est-à-dire, un tout ou une partie entière d'un tout. Exemple : *Une* SOCIÉTÉ *de savants s'est formée dans notre ville.*

Ici, le collectif *société* est général parce qu'il représente une collection déterminée et précise, non pas tous les savants, mais tout un corps de savants (**).

125. Le collectif est PARTITIF quand il représente une collection incomplète ou indéterminée. Exemple : *Une* MULTITUDE *de savants sont d'accord sur ce point.*

Ici, le collectif *multitude* est partitif parce qu'il exprime un nombre indéterminé, dont l'étendue n'est pas précisée.

126. Les adverbes de quantité *combien*, *plus*, *moins*, *peu*, etc., quand ils sont suivis d'un complément, sont de véritables collectifs; et tous sont partitifs, excepté le *peu* dans certains cas.

(*) On pourrait multiplier les règles particulières, mais très-inutilement, selon nous, pour celui qui a bien saisi le caractère du nom propre et du nom commun.

(**) C'est une partie entière d'un tout, une fraction détachée de ce tout, à peu près comme une *division* le serait d'une *armée*, un *régiment* d'une *division*, un *bataillon* d'un *régiment*, une *compagnie* d'un *bataillon*, etc.

127. LE PEU est collectif général quand il signifie le *trop peu*, comme dans cet exemple : LE PEU *de bonté qu'on m'a témoigné, me décourage* ; mais il est partitif dans cet autre exemple : LE PEU *de bonté qu'on m'a témoignée, m'encourage.*

128. Le collectif est très-souvent sous-entendu. Il est alors partitif. Exemples : *Des gens* (un certain nombre de gens) *instruits s'y sont trompés. — Il demande du pain* (une quantité de pain).

129. Le nom est DÉFINI quand l'étendue de sa signification est déterminée. Il est indéfini dans les autres cas.

Ainsi, dans *eau de fontaine*, le nom *fontaine* est indéfini parce qu'il représente une fontaine quelconque. Mais il est défini quand on dit *eau de la fontaine* parce qu'il représente une fontaine particulière.

130. Le nom ABSTRAIT exprime une qualification *abstraite*, c'est-à-dire, détachée de tout être.

Ordinairement, la qualité tient à l'être, y est jointe, comme lorsqu'on dit *Dieu est bon*, où la qualité *bon* est présentée comme tenant à l'être *Dieu* : c'est alors un adjectif. Mais si, au lieu de joindre la qualité à l'être, on la considère seule, et détachée de tout, comme *bonté* dans *la bonté rend aimable*, alors c'est un nom abstrait.

Ainsi,

131. Les noms de qualités sont des noms abstraits, et réciproquement. Exemples : *Bonté, vérité, justice, bonheur*, etc.

132. Le nom est dit VERBAL quand c'est un verbe employé substantivement. Exemples : *Le* BOIRE, *le* MANGER, *le* DORMIR, *les* PASSANTS, etc.

133. Le nom est quelquefois employé adjectivement, comme *philosophes* dans *soyons philosophes, souffrons sans nous plaindre.*

Réciproquement, l'adjectif est souvent employé comme substantif. Exemples : *Nous devons préférer à tout le* BON *et l'*HONNÊTE.

ART. II. — GENRE DANS LES NOMS.

134. On appelle **GENRE** une distinction par le sexe.

135. Il y a deux genres : le *masculin* et le *féminin*.

136. Le **MASCULIN** est le genre des êtres mâles ; et, en général, des substantifs devant lesquels on peut mettre *le* ou *un*.

Ainsi, *lion*, est masculin parce que c'est un être mâle ; *soleil* est masculin parce que l'on dit LE *soleil ; argent* est masculin parce que l'on peut dire LE *bon argent* (76).

137. Le féminin est le genre des êtres femelles ; et, en général, des substantifs devant lesquels on peut mettre *la* ou *une* (76).

Ainsi, *lionne* est féminin parce que c'est une femelle ; *lune* est féminin parce que l'on dit LA *lune ; ardeur* est féminin parce que l'on peut dire LA *grande ardeur ; histoire* est féminin parce que l'on peut dire UNE *belle histoire* (76).

Nota. Quant aux noms très-nombreux d'animaux qui ont un genre commun, comme *serpent*, *corbeau*, *éléphant*, *hirondelle*, etc. On reconnaît ce genre par le moyen ordinaire, l'emploi de *le*, *la* (136, 137, 76).

138. Dans le discours écrit, les noms féminins sont ordinairement terminés par *e* muet. Exemples : La *chasse*, une *fée*, la *vie*, la *tête*, la *rue*, de la *suie*, la *joie*, la *mémoire*, une *porte*, une *multitude*, etc.

Exceptions.

138 (*bis*). Certains mots féminins n'en prennent pas la marque.

1° Les mots dont *e* changerait le son final, comme *part*, *nation*, *mort*.

2° Les noms abstraits en *té* comme *charité*, *bonté*, *vérité* (130, 131).

3° *Amitié*, *moitié*, *pitié*, *clé*.

4° *Fourmi*, *houri*, *gagui*, *merci*, *brebis*, *souris*, *perdrix*.

5° *Eau*, *chaux*, *faux*, *dot*.

6° *Bru*, *glu*, *tribu*, *vertu*.

7° *Cour*, *tour*, *toux*.

8° *Foi, fois, loi, paroi, croix, noix, poix, voix.*
9° Les noms en *eur*, autres que *heure, demeure.*
10° Les adjectifs *leur, leurs, plusieurs.*
138 (*ter*). Il y a pareillement, et en très-grand nombre, des mots masculins qui se terminent par *e*.
1° Quand la consonne finale a besoin de *e* pour être prononcée. Exemples : *Monde, mérite, poète, homme, trône.*
2° Dans beaucoup d'autres cas. Exemples : *Axe, hectare, utile, globe, complexe.*
3° Les mots *apogée, athée, caducée, coryphée, empyrée, gynécée, hyménée, hyperborée, périgée, pygmée, scarabée.*
4° *Mausolée, trophée, lycée*, et autres noms de monuments (ayant le son final *é*).
5° *Amphibie, aphélie, bain-marie, génie, impie, incendie, messie, parapluie, périhélie.*
6° *Foie.*

ART III. — NOMBRE DANS LES NOMS.

139. Le nombre est une distinction par la quantité.
140. Il y a deux nombres : le *singulier* et le *pluriel.*
141. Le SINGULIER ne contient qu'un. Exemples : *Un homme, cet homme. — Une femme, cette femme.*
142. Le PLURIEL embrasse plus d'un. Exemples : *Des hommes, ces hommes. — Des femmes, ces femmes.*
143. Dans le discours écrit, les noms pluriels sont ordinairement terminés par *s* que l'on ajoute au singulier, soit masculin, soit féminin. Exemples : *L'homme, les hommes. — La femme, les femmes. — Le plaisir, les plaisirs*, etc.

Exceptions.

144. Les noms en *au, eu* prennent *x*, au lieu de *s* au pluriel. Exemples : *Un bateau, des bateaux. — Un cheveu, des cheveux.*
145. Les noms *bijou, caillou, chou, genou, hibou, joujou, pou*, prennent aussi *x* au pluriel.

146. Les noms en *al* changent *al* du singulier en *aux*. Exemples : *Un cheval, des chev*AUX. — *Le général, les génér*AUX. — *Un fanal, des fan*AUX.

Sont exceptés *bal*, *carnaval*, *chacal*, *festival*, *pal*, *régal*, qui prennent *s* au pluriel régulièrement.

147. Les noms *bail*, *corail*, *émail*, *soupirail*, *vantail*, *vitrail* changent *ail* du singulier en *aux*.

148. Le nom *ail* fait au pluriel *aulx*.

149. *Travail* a au pluriel *travaux* quand il est employé au propre, comme dans *Ils ont accompli de grands travaux;* il fait *travails* quand il désigne ou des machines de maréchal ferrant, ou des expéditions (des écritures) dans les bureaux.

150. Le nom *ciel* a au pluriel *cieux* lorsqu'il est employé au propre, c'est-à-dire, pour désigner la voûte céleste. Son pluriel est *ciels* dans les autres cas. Exemples : *Des* CIELS-*de-lit*. — *Des* CIELS *de tableau*. — *La France est un des plus beaux* CIELS *de l'Europe*.

151. Le nom *œil* fait au pluriel *yeux* au propre, c'est-à-dire, quand il représente l'organe de la vue ; et *œils* au figuré, comme dans *des* ŒILS-*de-bœuf*, *les* ŒILS *du fromage*.

152. Le nom *aïeul* fait au pluriel *aïeuls* et non *aïeux*. Ce dernier nom, qui signifie *ancêtres*, n'a pas de singulier.

153. Il y a des noms qui n'ont pas de singulier, comme *aïeux*, *ténèbres*, *bestiaux*.

154. Il y a des noms qui n'ont pas de pluriel, comme *foi*, *prudence*, *bétail*.

155. Il y a des noms qui n'ont pas le même sens au singulier et au pluriel, comme *honneur* et *honneurs* ; *attention* et *attentions*.

Plus loin les règles particulières.

ART. IV. — FONCTIONS DU NOM.

156. Le substantif (*) est toujours ou *sujet*, ou *complément*, ou *attribut*, mais il n'est jamais qu'une de ces trois choses à la fois (**).

(*) Nous nous servons ici du mot *substantif* parce que tout ce que nous allons dire convient également au nom et au pronom.

(**) Excepté certains cas d'ellipse et de syllepse.

§ 1. — Sujet.

157. On appelle SUJET le substantif représentant l'être dont on dit qu'il EST ou qu'il FAIT telle ou telle chose (7).

158. C'est tout substantif répondant à la question *qui est-ce qui* (pour les personnes)? ou *qu'est-ce qui* (pour les choses)? faite avant le verbe.

Ainsi, *Dieu* est sujet du verbe *est* dans la proposition *Dieu est juste* parce que QUI EST-CE QUI *est?* c'est DIEU, *bonté* est sujet du verbe *rend* dans la proposition *La bonté rend aimable* parce que QU'EST-CE QUI *rend?* c'est la BONTÉ.

§ 2. — Complément.

159. Le substantif est complément lorsqu'il ajoute à l'idée exprimée par un autre mot (11).

Ainsi *Dieu* est complément de *bonté* dans *La bonté de Dieu est infinie* parce qu'il ajoute à l'idée de *bonté; étude* est complément de *appliqué* quand on dit *Il est appliqué à l'étude; France* est complément de *parcouru* dans *Nous avons parcouru la France.*

160. Le complément est *direct* ou *indirect.*

Complément direct.

161. Le complément est DIRECT ou immédiat quand il n'est pas séparé du mot complété par une préposition.

Mécaniquement,

162. Le complément direct d'un mot est le substantif répondant à la question *qui* (pour les personnes)? ou *quoi* (pour les choses)? faite après ce mot.

Ainsi, *Dieu* est complément direct de *aime* dans *J'aime Dieu*, parce que *j'aime* QUI? DIEU; *étude* est complément direct de *préfère* dans *Il préfère l'étude au jeu*, parce que *il préfère* QUOI? *l'*ÉTUDE (*).

(*) Pour être complément direct, le mot répondant à la question *qui?* ou *quoi?* faite après un verbe doit ne pas se rapporter au sujet

Complément indirect.

163. Le complément est INDIRECT quand il est séparé du mot complété par une préposition.

Mécaniquement,

164. Le complément indirect d'un mot est le substantif répondant à la question *qui?* ou *quoi?* faite après ce mot avec l'intermédiaire d'une préposition (à qui? à quoi? de qui? de quoi? etc ,).

Ainsi, *Dieu* est complément indirect de *obéis* dans *J'obéis à Dieu*, parce que *j'obéis* A QUI? *à* DIEU; *vous* est complément indirect de *partirons* dans *Nous partirons avec vous*, parce que *nous partirons* AVEC QUI? *avec* VOUS; *étude* est complément indirect de *applique* dans *Il s'applique à l'étude*, parce que *il s'applique* A QUOI? *à l'*ÉTUDE.

165. Quant à certains compléments qui marquent la MANIÈRE, le LIEU, le TEMPS, la CAUSE, on fait la question par un adverbe de manière (comment?), ou de lieu (où? d'où? par où?), ou de temps (quand?), ou de cause (pourquoi?).

Ainsi, *ardeur* est complément indirect de *travaille* dans *Il travaille avec ardeur*, parce que *il travaille* COMMENT? *avec* ARDEUR; *pays* est complément indirect de *reviens* dans *Je reviens du pays*, parce que *je reviens d'*où? *du* PAYS.

C'est que

166. Les adverbes *comment*, *où*, et, en général, tous les adverbes ne sont autre chose qu'une préposition contractée avec un substantif : *comment?* signifie *de quelle manière? où?* veut dire *en quel lieu?* comme *sagement* veut dire *avec sagesse;* comme *beaucoup* veut dire *en quantité*, etc.

167. Les mots sujets à avoir des compléments sont le *substantif*, l'*adjectif*, le *verbe*, la *préposition* et l'*adverbe*.

168. Quand un substantif est complément d'un autre substantif, il y est joint par la préposition *de*.

---

ou bien à un complément, car alors il en serait attribut au lieu d'être complément du verbe. Exemples : *La gloire est une* CHIMÈRE. — *Il fut élu* ROI. — *Je m'appelle* LION.

Exemples : *La bonté de* DIEU. — *Le jardin de mon* PÈRE. — *Celui de mon* ONCLE.

Quelquefois, c'est par la préposition *à*. Exemples : *L'homme aux* ÉCUS. — *La fée aux* MIETTES.

Quand un substantif est complément d'un adjectif, il y est joint par diverses prépositions. Exemples : *Avide de* GLOIRE. — *Attentif à la* LEÇON. — *Bon pour* TOUS.

Les compléments du substantif, de l'adjectif et de l'adverbe sont toujours indirects; ceux de la préposition, toujours directs; et ceux du verbe, tantôt directs, tantôt indirects. Exemples : *L'amour de* DIEU. — *Celui du* PROCHAIN. — *Avide de* LOUANGE. — *Propre à la* GUERRE. — *Beaucoup de* FRUITS. — *J'aime mon* PÈRE. — *Il s'applique au* TRAVAIL.

§ 3. — Attribut (*).

169. Le substantif est ATTRIBUT lorsqu'il s'ajoute à un autre substantif sans l'intermédiaire d'une préposition. Alors les deux substantifs représentent la même personne ou la même chose.

Ainsi, *roi* est attribut de *Louis* dans *Louis roi*; c'est *Louis* qui l'est de *roi* dans *le roi Louis*; *bonté* est attribut de *Dieu* dans *Dieu est la bonté même*, etc.

Modèles d'analyse, avec détails sur le nom.

I. Les arts polissent les sociétés et rendent la vie meilleure.

Les	article, déterminant *arts*.
Arts	nom commun, masculin, pluriel, sujet du verbe *polissent* (Qu'est-ce qui polit les sociétés? ce sont les *arts*).
polissent	verbe, parce qu'il marque que l'on fait quelque chose.

(*) Il y a un autre attribut, l'attribut logique, celui qui est joint au sujet par le verbe *être* pour former la proposition. C'est ordinairement un adjectif, rarement un substantif; au lieu que celui dont nous parlons, est toujours un substantif, se rapportant à un complément aussi bien qu'à un sujet.

C'est enfin ce que les grammairiens appellent APPOSITION.

les article, déterminant *sociétés*.
sociétés nom commun, féminin, pluriel, complément direct de *polissent* (Les arts polissent quoi ? les *sociétés*).
et conjonction, liant *rendent la vie meilleure* à *polissent les sociétés*.
rendent verbe, parce qu'il marque que l'on fait quelque chose.
la article, déterminant *vie*.
vie nom commun, féminin, singulier, complément direct de *rendent* (rendent meilleure quoi? la *vie*).
meilleure adjectif, se rapportant à *vie*.

II. Une musique molle énerve l'esprit et le corps.

Une adjectif, se rapportant à *musique*.
musique nom commun, féminin, singulier, sujet de *énerve* (Qu'est-ce qui énerve ? la *musique*).
molle adjectif, se rapportant à *musique*.
énerve verbe, parce qu'il marque que l'on fait quelque chose.
l' pour *le*, article, déterminant *esprit*.
esprit nom commun, masculin, singulier, complément direct de *énerve* (La musique énerve quoi ? l'*esprit*).
et conjonction, servant à lier *corps* à *esprit*.
le article, déterminant *corps*.
corps nom commun, masculin, singulier, complément direct de *énerve* (La musique énerve quoi ? le *corps*).

III. Les mauvaises habitudes finissent par changer le naturel.

Les article (*), déterminant *habitudes*.

(*) Au lieu d'écrire en toutes lettres les dénominations grammaticales, on peut les écrire en abrégé, comme nous allons le faire à

mauvaises	adject., se rapportant à *habitudes.*
habitudes	nom comm., fém., plur., sujet de *finissent* (Qu'est-ce qui finit? ce sont les *habitudes*).
finissent	verbe, parce qu'il marque que l'on fait quelque chose.
par	prép., ayant pour complément *changer*, et pour antécéd. *finissent.*
changer	verbe, parce qu'il marque que l'on fait quelque chose.
le	art., déterm. *naturel.*
naturel	nom comm., masc., sing., compl. dir. de *changer* (changer quoi? le *naturel*).

CHAPITRE III

ARTICLE.

170. Il faut remarquer dans l'article :

1° L'espèce.

2° { Le genre. Le nombre.

3° Quel substantif il détermine.

ART. I. — ESPÈCES D'ARTICLES.

171. Il y a trois sortes d'articles : l'article simple, l'article contracté et l'article élidé (*).

172. L'article SIMPLE n'est formé que d'un mot.

---

partir de cette analyse : par exemple, *art.* au lieu de *article*, *adj.* ou bien *adject.* au lieu de *adjectif*, etc. Voici les règles à suivre :

1° Il faut assez de lettres à l'abréviation pour que le mot ne puisse être confondu avec un autre commençant de même.

2° On doit s'arrêter à la voyelle d'une syllabe suivante exclusivement. Exemples : *subst.* pour *substantif; compl.* pour *complément; indic.* pour *indicatif; indéf.* pour *indéfini*, etc.

3° On termine par un point, appelé pour cela ABRÉVIATIF.

(*) Il y en a qui admettent un article indéfini, bien inutile selon nous, lequel serait *du*, *des*, toutes les fois qu'il y a un partitif sous-entendu. Exemples : *Donnez-moi* DU *pain.* — *J'ai vu* DES *pays charmants.*

C'est *le*, *la*, *les*. Exemples : LE *livre*, LA *plume*, LES *livres*, LES *plumes*.

173. L'article CONTRACTÉ est formé de l'article simple *le* ou *les* contracté avec la préposition *de* ou *à*.

174. Les articles contractés sont *du* pour *de le*, *des* pour *de les*, *au* pour *à le*, *aux* pour *à les*. Exemples : *Le palais* DU *roi*, *la gloire* DES *conquérants*, *la force* DES *choses* — *Appliqué* AU *travail*, *semblable* AUX *autres*, *propre* AUX *armes*.

175. L'article ÉLIDÉ n'est autre chose que l'article simple *le*, *la*, écrit *l'* devant un mot commençant par une voyelle ou par *h* muet. Exemples : L'*homme*, L'*argent*, L'*histoire*, L'*audace* (75).

ART. II. — GENRE ET NOMBRE DE L'ARTICLE.

176. L'article prend le genre et le nombre du substantif qu'il détermine.

Le, *du*, *au*, sont masculins singuliers; *les*, *des*, *aux* sont pluriels, masculins ou féminins suivant le cas.

ART. III. — QUELS MOTS DÉTERMINE L'ARTICLE.

177. L'article détermine généralement un nom. Quelquefois, c'est un autre mot. Exemples : *Le* PREMIER, *les* AUTRES, *le* PLUS, *le* MIEUX, *le* DESSUS, *le* POUR *et le* CONTRE, *le* QU'EN DIRA-T-ON, *le* CONNAIS-TOI TOI-MÊME, etc.

CHAPITRE IV

PRONOM.

178. Il faut remarquer dans le pronom :

1° L'espèce.

2° { Le genre.
Le nombre.
La personne.

3° La fonction.

ART. I. — ESPÈCES DE PRONOMS.

179. Il y a cinq espèces de pronoms : le pronom *personnel*, le pronom *relatif*, le pronom *possessif*, le pronom *démonstratif*, et le pronom *indéfini*.

§ 1. — Pronom personnel.

180. Le pronom PERSONNEL est celui qui a la propriété de marquer la *personne*.

181. On appelle PERSONNE le rôle du substantif dans l'exercice de la parole. Or, le substantif représente toujours ou celui *qui* parle, ou celui *à qui* l'on parle, ou celui *de qui* l'on parle.

Ainsi,

182. Il y a trois personnes :

La 1re est celle QUI parle : *je*, *me*, *moi*, *nous*.

La 2e est celle A QUI l'on parle : *tu*, *te*, *toi*, *vous*.

La 3e est celle DE QUI l'on parle. Elle comprend :

1° Tous les noms.

2° Tous les pronoms autres que *je*, *me*, *moi*, *nous*, *tu*, *te*, *toi*, *vous*.

183. Les pronoms *qui*, *que*, *dont* ont la personne du substantif dont ils tiennent la place.

Ainsi, dans *Moi qui vous aime*, le pronom *qui* est de la 1re personne parce qu'il tient la place de *moi*, qui est de la 1re personne; dans *Toi qui m'aimes*, il est de la 2e ; dans *Lui qui m'aime*, il est de la 3e.

§ 2. — Pronom relatif.

184. Le pronom RELATIF tient la place d'un substantif qui précède, appelé ANTÉCÉDENT. Exemples : *Dieu est bon, mais* IL *est juste*. — *Je* ME *flatte de réussir*. — *Heureux l'homme* QUI *pratique la vertu !*

Dans ces exemples, les pronoms *il*, *me*, *qui* sont relatifs : le premier à *Dieu*, le deuxième à *je*, le troisième à *homme*.

185. Le pronom relatif se divise en *personnel*, *réfléchi* et *conjonctif*.

186. Le pronom RELATIF PERSONNEL n'est autre que le pronom personnel lui-même (103-I).

Il faut excepter :

1° *Je*, *tu*, qui ne sont jamais relatifs.

2° *Me*, *moi*, *te*, *toi*, *se*, *soi*, *nous*, *vous*, qui sont tantôt relatifs, tantôt absolus.

187. Le pronom RELATIF RÉFLÉCHI reproduit son antécédent comme soumis à une action faite par cet antécédent lui-même.

Par exemple, lorsqu'on dit : *Paul se flatte*, le pronom *se* représente *Paul*, son antécédent, comme recevant l'action de flatter, laquelle action est faite par Paul lui-même. En effet, c'est Paul qui fait l'action, et c'est sur lui-même qu'il la fait.

188. En général, le pronom réfléchi a pour antécédent le sujet du verbe dont il est complément ; et il n'est jamais sujet lui-même.

189. Les pronoms réfléchis sont *me*, *te*, *se*, *nous*, *vous*, quand ils se rapportent au sujet de la proposition.

190. Le pronom RELATIF CONJONCTIF sert à joindre à son antécédent la proposition suivante. Exemples : *Dieu* QUI *est bon*. — *La vertu* QUE *j'aime*. — *Les enfants* DONT *nous sommes contents*.

191. Les pronoms conjonctifs sont *qui*, *que*, *dont*, *lequel*, *laquelle*, *lesquels*, *lesquelles*, *duquel*, *desquels*, *desquelles*, *auquel*, *auxquels*, *auxquelles*, *quoi*, *où*.

192. Ce qui distingue encore les pronoms conjonctifs, c'est qu'ils ont leur antécédent hors de la proposition à laquelle ils appartiennent.

§ 3. — Pronom possessif.

193. Le pronom POSSESSIF marque la possession. C'est toujours un des adjectifs possessifs *mien*, *tien*, *sien*, *notre*, *votre*, *leur*, précédé d'un article. Exemples : *Le mien*, *la mienne*, etc., (103-III).

§ 4. — Pronom démonstratif.

194. Le pronom DÉMONSTRATIF sert à montrer, à indiquer les objets. Exemples : *Voilà* CE *qui me rassure*. — CELUI-CI *est le vôtre*. — CELLE-LA *est préférable* (103-IV).

§ 5. — Pronom indéfini.

195. Le pronom INDÉFINI est celui qui représente des personnes ou des choses indéterminées. Exem-

ples : ON *vient.* — QUELQU'UN *vous demande.* — QUI *va là?* — QUI *que ce soit* (103 - V).

196. Le pronom est quelquefois employé comme adjectif. C'est lorsque, comme l'adjectif lui-même, il est joint au substantif.

Par exemple, *ce*, qui est un pronom dans *Il fait tout ce que je veux*, est un adjectif dans *Ce livre est à moi; nul*, qui est un pronom dans *Nul n'est content de son sort*, est un adjectif dans *Nul homme n'est content de son sort.*

ART. II. — GENRE, NOMBRE ET PERSONNE DANS LES PRONOMS.

197. Le pronom prend le genre, le nombre et la personne du substantif dont il tient la place.

Ainsi, dans *Moi qui vous parle*,

Le pronom *moi* est masculin, singulier, et de la 1re personne, parce qu'il tient la place d'un substantif masculin (*), singulier, et de la 1re personne (la personne qui parle).

Le pronom *qui* est masculin, singulier, de la 1re personne, parce que *moi*, dont il tient la place, est masculin, singulier, de la 1re personne.

Le pronom *vous* est masculin, pluriel, de la 2e personne, parce qu'il tient la place d'un substantif masculin, pluriel (**), de la 2e personne (les personnes à qui l'on parle).

Dans *Nous qui les connaissons*,

Le pronom *nous* est masculin, pluriel, de la 1re personne, parce qu'il tient la place d'un substantif masculin, pluriel, de la 1re personne (les personnes qui parlent).

Le pronom *qui* est masculin, pluriel, de la 1re personne, parce que *nous*, dont il tient la place, est masculin, pluriel, de la 1re personne.

Le pronom *les* est masculin, pluriel, de la 3e personne, parce qu'il tient la place d'un substantif mas-

(*) Un mot est masculin quand on n'a pas de raison pour le considérer comme féminin.

(**) *Vous* est pluriel quand on n'a pas de raison pour le considérer comme singulier.

culin, pluriel, de la 3e personne (les choses ou les personnes dont on parle).

Dans *La gloire que les hommes recherchent*,

Le pronom *que* est féminin, singulier, de la 3e personne, parce que *gloire*, dont il tient la place, est féminin, singulier, de la 3e personne.

Règles plus particulières du pronom.

198. *Vous*, qui est ordinairement pluriel, sert bien souvent à représenter une seule personne. Il est alors singulier. Exemples : *Si vous êtes sage, mon enfant, vous serez aimé de tout le monde.*

199. Le pronom *nous* représente quelquefois aussi une seule personne, et est alors singulier, par exemple lorsqu'on se dit à soi : *Allons-y nous-même.*

200. Le pronom *leur* est invariable quand il est personnel (*), c'est-à-dire, quand il est pour *à eux, à elles.* Il ne varie que lorsqu'il est possessif. Exemples : *On* LEUR *rendit leurs biens. — Rendons-*LEUR *leurs droits.*

201. Il ne faut pas confondre *se* pronom réfléchi avec *ce* pronom démonstratif. *Se* est toujours complément d'un verbe qui suit, comme dans *Il se trompe. Ce* est ordinairement sujet, comme dans *C'est vous. — Est-ce vous ?* Quand il est complément, c'est d'un verbe qui précède, comme dans *J'ai fait ce que vous vouliez.* C'est un adjectif devant un substantif Exemples : *Ce livre est à moi. — Ce jeune homme ira loin.*

202. *On* est ordinairement masculin, singulier. Exemple : *On est venu.*

203. Quelquefois, cependant, il représente des êtres évidemment féminins ou pluriels. On le dit alors féminin ou pluriel selon le cas. Exemples : *On est trop indulgente quand on est mère. — On se battit en désespérés.*

(*) C'est que, alors, il n'a en réalité ni genre ni nombre, non plus que *lui* (pour *à lui, à elle*), formant par la contraction avec *à* une sorte d'adverbe pronominal, comme *y, en, dont*, etc.

204. Les pronoms *chacun*, *aucun*, *nul* n'ont pas de pluriel (*).

205. Le mot *personne* est un pronom indéfini, masculin, singulier, ou plutôt sans genre ni nombre, quand il signifie *pas un*, comme dans *Personne n'a été content*. C'est un nom commun, féminin, quand il est déterminé par l'article ou par un adjectif déterminatif, comme dans *Voilà* UNE *personne charmante*. — *Ce sont des personnes charmantes.*

Nota. L'indéfini *personne* peut être féminin au singulier. Exemple : *Il n'est donné à personne d'être toujours belle.*

206. Le mot *rien* est un pronom indéfini, masculin, singulier, quand il signifie *aucune chose*, comme dans *Rien n'est plus certain*. C'est un nom commun, masculin, lorsqu'il veut dire *bagatelle*, *chose de peu de valeur*, comme dans *Voilà de graves riens.*

207. *Quelque chose* forme une locution pronominale indéfinie, sans genre ni nombre, lorsqu'il signifie *une chose*, comme dans *J'y ai vu quelque chose de bon*. Mais quand il signifie *quelle que soit la chose*, le mot *chose* est un nom commun féminin, singulier. Exemple : *Quelque chose qu'il ait faite, elle sera oubliée.*

208. *Tout* signifiant *toute chose* est un pronom indéfini masculin, singulier, comme dans *Tout est fini*. Quand il représente des personnes, il est pluriel, masculin ou féminin selon le cas : Exemples : TOUS *ont paru contents*. — TOUTES *ont paru contentes*.

Modèles d'analyse, avec détails sur l'article et le pronom.

I. Il défait le soir ce qu'il a fait le matin.

Il pronom pers., mascul., sing., 3e pers., sujet de *défait*.(Qui est-ce qui défait? c'est LUI, représenté par IL).

(*) C'est que *chacun* signifie *chaque un*, et que *nul* et *aucun* veulent dire *pas un*.

défait verbe, parce qu'il marque que l'on fait quelque chose.

le art. simple, masc., sing., déterm. *soir*.

soir nom comm., masc., sing., compl. indir. de *défait* (Il défait quand? le SOIR).

ce signifiant *cela*, pron. démonstr., masc., sing., 3e pers., compl. dir. de *défait* (Il défait quoi? CELA).

qu' pour *que*, signifiant *lequel*, pronom relat. à *ce*, masc., sing., 3e pers., compl. dir. de *a fait* (Il a fait quoi? CELA (ce) représenté par *que*).

il pronom pers., masc., sing., 3e pers., sujet de *a fait* (Qui est-ce qui a fait? c'est LUI, représenté par IL).

a fait verbe, parce qu'il marque que l'on fait quelque chose.
Il est formé :
1° de *a* verbe.
2° de *fait* autre verbe.

le art. simple, masc., sing., déterm. *matin*.

matin nom comm., masc., sing., compl. indir. de *a fait* (Il a fait quand? le MATIN).

II. L'homme absurde est celui qui ne change jamais.

L' art. élidé, pour *le*, masc., sing., déterm. *homme*.

homme nom comm., masc., sing., sujet de *est*.

absurde adj., se rapport. à *homme*.

est verbe, parce qu'il marque que l'on est.

celui pronom démonstr., masc., sing., 3e pers., attribut de *homme*.

qui	pronom relat. à *celui*, masc., sing., 3e pers., sujet de *change*.
ne jamais	Locution adverb., modif. *change*. Elle est formée :
	1° de *ne*, adverbe, modif. *change*.
	2° de *jamais*, adverbe, modif. *change*.
change	verbe, parce qu'il marque que l'on fait quelque chose.

III. Le mérite nous recommande mieux que la richesse.

Le	art. simple, masc., sing., déterm. *mérite*.
mérite	nom comm., masc., sing., sujet de *recommande*.
nous	pronom pers., masc., plur., 1re pers., compl. direct de *recommande*.
recommande	verbe, parce qu'il marque que l'on fait quelque chose.
mieux	adverbe, modif. *recommande*.
que	conjonction, liant *la richesse* (recommande) à *le mérite recommande mieux*.
la	art. simple, fém., sing., déterm. *richesse*.
richesse	nom comm., fém., sing., sujet de *recommande*, sous-entendu (le mérite recommande mieux que la richesse ne recommande).

CHAPITRE V

ADJECTIF.

208 (*bis*). Il faut remarquer dans l'adjectif.

1° L'espèce.

2° { Le genre.
Le nombre.

ART. I. — ESPÈCES D'ADJECTIFS.

209. Il y a deux espèces d'adjectifs : l'adjectif *qualificatif* et l'adjectif *déterminatif*.

§ 1. — Adjectif qualificatif.

210. L'adjectif QUALIFICATIF marque une qualité bonne ou mauvaise. Exemples : *bon*, *mauvais ; grand*, *petit*.

§ 2. — Adjectif déterminatif.

211. L'adjestif DÉTERMINATIF est celui qui détermine (73) le nom auquel il est joint (104).

212. Il y a quatre sortes d'adjectifs déterminatifs : l'adjectif *possessif*, l'adjectif *démonstratif*, l'adjectif *numéral* et l'adjectif *indéfini*.

Possessif.

213. L'adjectif POSSESSIF marque la possession. (104-II).

214. Il est de la 1re, ou de la 2e, ou de la 3e personne, selon que le possesseur est lui-même de la 1re, ou de la 2e, ou de la 3e personne.

1re pers. : *mon*, *ma*, *mes ; notre*, *nos ; mien*, *mienne*, etc.
2e *ton*, *ta*, *tes ; votre*, *vos ; tien*, *tienne*, etc.
3e *son*, *sa*, *ses ; leur*, *leurs*, *sien*, *sienne*, etc.

Démonstratif.

215. L'adjectif DÉMONSTRATIF sert à montrer, à indiquer. Il n'y a d'adjectif démonstratif que *ce*, *cet*, *cette*, *ces*.

Numéral.

216. L'adjectif NUMÉRAL marque le nombre, comme *un* (*), *deux*, *vingt*, *trente*, etc. ; *premier*, *deuxième*, *vingtième*, *trentième*, etc.

217. Il y a deux sortes d'adjectifs numéraux : le numéral *cardinal* et le numéral *ordinal*.

(*) L'adjectif *un* peut être numéral ou indéfini. Il est numéral quand il sert à compter. Exemple : *Il n'y a qu'*UN *Dieu*. Il est adjectif indéfini dans les autres cas.

Un numéral a au pluriel *deux ; un* indéfini, *des*.

218. L'adjectif numéral CARDINAL est celui qui sert à compter : *un*, *deux*, *trois*, *dix*, *vingt*, *cent*, *mille*, etc.

219. L'adjectif numéral ORDINAL marque le rang, l'ordre : *premier* ou *unième*, *second* ou *deuxième*, *troisième*, *quatrième*, etc.

220. Il ne faut pas confondre l'adjectif numéral avec le substantif numéral ou nom de nombre. Celui-ci est un nom collectif formé de l'adjectif numéral. Il renferme :

1° Les adjectifs numéraux non suivis de leur substantif à la fin d'une quantité, comme *vingts*, *cents* quand on dit : Il y en avait *quatre-vingts*. — Il en périt *deux cents*.

2° Les collections *sixaine*, *huitaine*, *dizaine*, etc., *million*, *billion*; *millier*, *milliard*, etc.

Indéfini.

221. L'adjectif INDÉFINI sert à déterminer, mais il le fait d'une manière plus vague que les autres déterminatifs (*). Exemples : *Un homme n'est pas un ange.* — QUEL *orateur que Cicéron!* — *Chaque âge a ses plaisirs.*

222. L'adjectif indéfini *quel* est dit INTERROGATIF lorsqu'il commence une proposition interrogative. Exemple : *Quel est cet homme?* Il est dit CONJONCTIF quand il joint la proposition suivante à ce qui précède. Exemple : *Dites-moi quel est cet homme.*

Le pronom *qui* est dans le même cas lorsqu'il n'est pas relatif. Exemple : *Qui est cet homme?* — *Dites-moi qui est cet homme.*

Et pareillement les adverbes renfermant *quel*, savoir :

(*) L'adjectif indéfini serait donc un *déterminatif indéterminé.* Ces mots semblent impliquer contradiction. Tout en convenant que la dénomination aurait pu être mieux choisie, nous croyons facile de la justifier. Prenons pour exemple le moins déterminatif des adjectifs indéfinis, *un*. Quand on dit *Un homme est venu*, il est bien certain que le mot *un* restreint la signification du mot *homme;* car *un homme* veut dire *quelque homme;* et quelque homme, c'est quelqu'un. C'est donc un déterminatif. Mais comment détermine-t-il? Est-ce en précisant l'homme dont il est question? Non : *un homme*, c'est simplement QUELQU'UN, sans qu'on dise *qui*, ni *quel*, si ce n'est *un* dans l'espèce humaine.

Quand (en quel temps).
Combien (en quelle quantité, à quel prix).
Comment (de quelle manière).
Pourquoi (pour quelle cause).
Où (en quel lieu), etc.

223. L'adjectif est appelé VERBAL lorsque c'est un verbe employé ADJECTIVEMENT. Exemples : *Ce sont des enfants* APPLIQUÉS. — *Voilà une personne* OBLIGEANTE.

224. L'adjectif, quel qu'il soit, est souvent employé substantivement. Exemples : *Rien n'est beau que le* VRAI, *le* VRAI *seul est aimable*.

225. Assez souvent l'adjectif se rapporte à un verbe, ou à un autre adjectif, ou à un adverbe. Alors il est dit employé ADVERBIALEMENT. Exemples : *Il chante* FAUX. — *Vos raisons sont* FORT *bonnes*. — *Tu travailles* FORT *bien*.

Degrés de signification.

226. Les adjectifs marquent la qualité à différents degrés, qu'on appelle *degrés de signification.*

227. Il y a trois degrés de signification : le *positif*, le *comparatif*, et le *superlatif*.

228. Le POSITIF n'est autre chose que l'adjectif simple, comme *sage, prudent*, *savant, studieux.*

229. Le COMPARATIF est l'adjectif avec comparaison, comme *plus sage, moins sage*, *aussi sage.*

230. Il y a trois sortes de comparatifs : le comparatif de *supériorité*, le comparatif d'*infériorité*, le comparatif d'*égalité*.

231. Le comparatif de SUPÉRIORITÉ exprime que, de deux êtres que l'on compare, l'un (celui auquel l'adjectif se rapporte) est supérieur à l'autre. Il est formé du positif précédé de l'adverbe de supériorité *plus*. Exemple : *Paul est plus savant que Pierre*.

232. Le comparatif d'INFÉRIORITÉ exprime que, de deux êtres que l'on compare, l'un est inférieur à l'autre. Il est formé du positif précédé de l'adverbe d'infériorité *moins*. Exemple : *Paul est moins savant que Pierre*.

233. Le comparatif d'ÉGALITÉ exprime que, de deux êtres que l'on compare, l'un est égal à l'autre. Il

se forme du positif précédé de l'adverbe d'égalité *aussi*. Exemple : *Paul est aussi savant que Pierre.*

234. Il y a en français trois comparatifs d'un seul mot : *meilleur* au lieu de *plus bon*, qui ne se dit pas; *pire* qui signifie *plus mauvais*, et *moindre* pour *moins grand*.

235. Le SUPERLATIF est l'adjectif au suprême degré. Il est formé d'un comparatif de supériorité ou d'infériorité précédé de l'article ou d'un adjectif possessif, comme *le plus sage*, *le moins sage; le plus savant*, *le moins savant*, *mon plus cher ami*.

236. Il y a deux espèces de superlatifs : le superlatif *relatif* et le superlatif *absolu*.

237. Le superlatif RELATIF marque une comparaison de l'objet dont on parle, avec un autre. Il se forme d'un comparatif de supériorité ou d'infériorité précédé de l'article, alors VARIABLE, ou d'un adjectif possessif. Exemples : *Voilà* LES PLUS BEAUX *arbres que j'aie vus.* — *Vous êtes* MES MEILLEURS *amis.* — *Nous avons été* LES MOINS FAVORISÉS.

238. Le superlatif ABSOLU ne marque pas de comparaison. Il se forme d'un comparatif de supériorité ou d'infériorité précédé de l'article, alors INVARIABLE. Exemple : *La lune ne brille guère lors même qu'elle est* LE PLUS BRILLANTE.

239. Certains adverbes ont aussi les degrés de signification. Exemples : *Sagement*, *plus sagement*, *moins sagement*, *aussi sagement*, *le plus sagement*, *le moins sagement*. — *Tard*, *plus tard*, *moins tard*, *aussi tard*, *le plus tard*, *le moins tard*, etc., etc.

240. Quelques-uns considèrent comme superlatifs les positifs précédés d'un des adverbes *très*, *bien*, *fort*. Exemples : *Très-sage*, *bien sage*, *fort sage; très-sagement*, *bien sagement*, *fort sagement*.

D'autres les appellent AMPLIATIFS (*).

ART. II. — GENRE ET NOMBRE DANS LES ADJECTIFS.

241. 1re RÈGLE. L'adjectif s'accorde en genre et

(*) Il serait difficile de démontrer que ce sont là de véritables superlatifs.

en nombre avec le substantif auquel il se rapporte.

Ainsi, l'adjectif *content* est masculin, singulier quand on dit : *Mon père est content*, parce que *père*, auquel il se rapporte, est masculin, singulier.

Mais il est féminin, singulier dans *Ma mère est contente*, parce que *mère*, auquel il se rapporte, est féminin, singulier.

242. 2e RÈGLE. Si l'adjectif se rapporte à plusieurs substantifs, il est pluriel. Exemples : *Le berger et le roi sont* ÉGAUX. — *La mère et la fille* BIENFAISANTES.

243. 3e RÈGLE. Si les substantifs auxquels l'adjectif se rapporte, n'ont pas le même genre, il se met au masculin, pluriel. Exemples : *Le père et la mère* CHÉRIS. — *La vertu et le vice* OPPOSÉS.

Cependant, quand les substantifs ne représentent pas des êtres animés, l'adjectif ne s'accorde qu'avec le dernier, pourvu que se trouvent réunies les deux conditions suivantes :

1° Que le dernier substantif soit féminin.

2° Que l'adjectif soit IMPARISYLLABIQUE, comme *grand, grande; — divers, diverse; — soumis, soumise.*

Exemple : *Il a montré un courage et une habileté merveilleuse.*

Il est mieux d'intervertir la place des substantifs, si cela se peut, pour suivre la règle générale. Exemple : *Il a montré une habileté et un courage* MERVEILLEUX.

244. Pour connaître le substantif auquel un adjectif se rapporte, on fait avant cet adjectif la question *qui est-ce qui est* (pour les personnes)? ou *qu'est-ce qui est* (pour les choses)?

Ainsi, dans *L'homme vertueux trouve dans une conscience satisfaite la juste récompense de sa conduite*,

Vertueux se rapporte à *homme* parce que QUI EST-CE QUI EST *vertueux ? L'homme.*

Satisfaite se rapporte à *conscience* parce que QU'EST-CE QUI EST *satisfait ? La conscience.*

Règles plus particulières d'accord de l'adjectif.

245. Quand l'adjectif se rapporte à plusieurs substantifs joints par la conjonction *ou*, il ne s'accorde qu'avec le dernier, parce que *ou* exclut celui

qui précède. Exemple : *Pierre ou Paul est* COUPABLE.

Il faut excepter les cas où les substantifs sont de différente personne. Exemple : *Le roi, l'âne ou moi serons morts* (accord avec tous les substantifs).

Ces tours de phrase doivent être évités.

246. Quand l'adjectif se rapporte à plusieurs substantifs joints par la conjonction *ni*, il s'accorde avec tous lorsque, la phrase étant rendue affirmative, *ni* peut être remplacé par *et*, comme dans *Ni Pierre ni Paul ne sont* ATTENTIFS, phrase qui, rendue affirmative, serait *Pierre et Paul sont* ATTENTIFS.

Mais il ne s'accorde qu'avec le dernier quand, la phrase étant rendue affirmative, *ni* peut être remplacé par *ou*, comme dans *Ni Pierre ni Paul ne sera* CHOISI *pour remplir cette place*, phrase dont l'affirmative est *Pierre ou Paul sera* CHOISI *pour remplir cette place.*

247. Quand l'adjectif se rapporte à des synonymes, c'est-à-dire, à des substantifs qui ont à peu près la même signification, il ne s'accorde qu'avec le dernier, celui-ci renfermant tous les autres. Exemple : *Il a montré un courage, une intrépidité* HÉROÏQUE.

248. Quand l'adjectif se rapporte à des substantifs placés par gradation, il ne s'accorde qu'avec le dernier. Exemple : *Le fer, le bandeau, la flamme est toute* PRÊTE.

249. Quand l'adjectif se rapporte à des substantifs joints par une des expressions conjonctives *comme, ainsi que, aussi bien que, non moins que,* ou autres de même sorte, il ne s'accorde qu'avec le premier, parce qu'il est sous-entendu pour les autres. Exemple : *Sa vertu, comme ses talents, est connue de chacun.*

Voir plus loin les règles particulières.

Modèles d'analyse, avec détails sur l'adjectif.

1. La bonne fortune aveugle les hommes, la trop grande adversité les abat.

La	art. simple, fém., sing., déterm. *fortune.*
bonne	adject. qualific., au positif, fém., sing., qualif. *fortune.*

fortune	nom comm., fém., sing., suj. de *aveugle*.
aveugle	verbe, parce qu'il marque que l'on fait quelque chose.
les	art. simple, masc., plur., déterm. *hommes*.
hommes	nom comm., masc., plur., compl. direct de *aveugle*.
la	art. simple, fém., sing., déterm. *adversité*.
trop	adverbe, modifiant *grande*.
grande	adject. qualific., au posit., fém., sing., qualif. *adversité*.
adversité	nom comm., fém., sing., sujet de *abat*.
les	pron. personn., relat. à *hommes*, masc., plur., 3e pers., compl. dir. de *abat*.
abat	verbe, parce qu'il marque que l'on fait quelque chose.

II. Nous profitons des anciennes découvertes, nos descendants profiteront des nôtres.

Nous	pronom pers., masc., plur., 1re pers., suj. de *profitons*.
profitons	verbe, parce qu'il marque que l'on fait quelque chose.
des	pour *de les*, art. contr., fém., plur., déterm. *découvertes*.
anciennes	adject. qualif., au positif, fém., plur., qualif. *découvertes*.
découvertes	nom comm., fém., plur., compl. dir. de *de* (dans l'art. *des*), et indir. de *profitons*.
nos	adject. poss., masc., plur., déterm. *descendants*.
descendants	nom verbal, masc., plur., sujet de *profiteront*.
profiteront	verbe, parce qu'il marque que l'on fait quelque chose.
des	pour *de les*, art. contr., fém., plur., détermin. *nôtres*.

nôtres — pronom poss., représent. *nos découvertes*, fém., plur., compl. dir. de *de* (dans l'art. *des*), et indir. de *profiteront*.

III. Les belles actions sont pour les cœurs comme les belles fleurs pour les yeux.

Les — art. simple, fém., plur., déterm. *actions*.

belles — adj. qualif., au posit., fém., plur., qualif. *actions*.

actions — nom comm., fém., plur., sujet de *sont*.

sont — verbe, parce qu'il marque que l'on est.

pour — prép., ayant pour compl. *cœurs*, et pour antéc. *sont*.

les — art. simple, masc., plur., déterm. *cœurs*.

cœurs — nom comm., masc., plur., compl. dir. de *pour*, et indir. de *sont*.

comme — conjonct. joignant *les belles fleurs* (sont) *pour les yeux* à *les belles actions sont pour les cœurs*.

les — art. simple, fém., plur., déterm. *fleurs*.

belles — adj. qualif., au posit., fém., plur., qualifiant *fleurs*.

fleurs — nom comm., fém., plur., sujet de *sont* sous-entendu.

pour — prép., ayant pour compl. *yeux*, et pour antéc. *sont* sous-entendu.

les — art. simple, masc., plur., déterm. *yeux*.

yeux — nom comm., masc., plur., compl. direct de *pour*, et indir. de *sont* sous-entendu.

IV. Soyons simples comme la colombe, et prudents comme le serpent.

Soyons — verbe, parce qu'il marque que l'on est.

simples	adj. qual., au posit., masc., plur., qualif. *nous* sous-entendu.
comme	conjonct., liant *la colombe* (est simple) à *soyons simples.*
la	art. simple, fém., sing., déterm. *colombe.*
colombe	nom comm., fém., sing., sujet de *est* sous-entendu.
et	conjonct., liant *prudents comme le serpent* à *simples comme la colombe.*
prudents	adject. qual., au posit., masc., pl., qualif. *nous* sous-entendu.
comme	conj., liant *le serpent* (est prudent) à (soyons) *prudents.*
le	art. simple, masc., sing., déterm. *serpent.*
serpent	nom comm., masc., sing., sujet de *est* sous-entendu.

CHAPITRE VI

VERBE.

249 (*bis*). Il faut remarquer dans le verbe :
1° L'espèce.
2° Le mode.
3° Le temps.
4° La personne et le nombre.
5° La conjugaison.

ART. I. — ESPÈCES DE VERBES.

§ 1. — Verbe substantif et verbe attributif.

Considéré dans sa signification,

250. Le verbe se divise en deux classes : le verbe *substantif* et le verbe *attributif*.

251. Le verbe SUBSTANTIF marque simplement l'existence. C'est le verbe *être*.

252. Le verbe ATTRIBUTIF marque en général une action. Il est ainsi nommé parce qu'il renferme l'at-

tribut du sujet. Exemples : Nous *aimons.* — Ils *étudient.* — *Courir.*

§ 2. — Verbe actif (transitif, intransitif).

Considéré dans ses rapports avec le sujet,

253. Le verbe se divise en *actif* et *passif.*

254. Le verbe ACTIF est celui dont la chose est faite par le sujet. Exemples : *Il* AIME *le travail.* — SECOURONS *les malheureux.* — *Tu te* FLATTES. — *Vous* DORMEZ. — *Je* PARS *demain.*

255. Le verbe actif est *transitif* ou *intransitif.*

256. Le verbe TRANSITIF est celui qui a un complément direct. Exemples : *Je* CONNAIS *mon devoir.* — *Tu te* DOIS *à la patrie* — *N'*ÉCOUTONS *que l'honneur* (*).

257. Le verbe INTRANSITIF est celui dont l'action est faite par le sujet, mais sans complément direct. Exemples : RÉFLÉCHIS *d'abord mûrement, puis* AGIS *avec vigueur* (**).

§ 3. — Verbe passif.

258. Le verbe PASSIF est celui dont l'action est faite par un complément (***) et reçue par le sujet. Exemples : *Je* SUIS AIMÉ *de ma mère.* — *L'enfant sage* SERA CHÉRI *de tous.*

259. Le verbe passif est précisément l'opposé du verbe transitif. On les change l'un en l'autre en faisant du sujet un complément et du complément un sujet.

Ainsi, le transitif *J'aime Dieu* devient le passif *Dieu est aimé par moi ;* et le passif *Je suis aimé de Dieu* devient l'actif *Dieu m'aime.*

260. Quelquefois le complément du verbe passif est sous-entendu.

261. Pour changer en transitif un passif sans complément, on donne au transitif le sujet indéfini *on.*

(*) C'est le verbe actif des anciennes grammaires.

(**) C'est le verbe neutre.

(***) On voit qu'il est question ici de celui des compléments du verbe passif qui accomplit l'acte marqué par ce verbe, et qui est toujours précédé de la préposition *par* ou *de.*

Ainsi, de *Nous avons été reconnus,* on forme *On nous a reconnus.*

Par conséquent,

262. Pour qu'il y ait verbe passif, il faut qu'il y ait ACTION, comme pour l'actif transitif.

Quand on dit : *Cette maison est bâtie par un bon architecte*, EST BATIE est un verbe passif parce qu'il marque une action; car c'est comme si l'on disait : *Un bon architecte bâtit cette maison.* Mais ce n'en est pas un quand on dit : *Cette maison est bâtie depuis un an*, parce qu'il marque un état; c'est comme si l'on disait : *Cette maison se trouve* BATIE *depuis un an* (*).

§ 4. — Verbe auxiliaire.

263. Le verbe *être* et le verbe *avoir* aident dans certains cas à former d'autres verbes, comme dans *Je* SUIS *aimé.* — *Nous* AVONS *travaillé.* On les appelle *auxiliaires.*

Ainsi,

264. Le verbe AUXILIAIRE est celui qui aide à former les autres.

Il n'y en a que deux : *avoir* et *être.* Et ils ne le sont pas toujours.

AVOIR ne l'est que quand il est suivi d'un autre verbe. Dans les autres cas, il est :

1° *Transitif* s'il a un complément direct. Exemples : *Il* A *raison.* — *Nous* AVIONS *froid*, etc.

2° *Intransitif* s'il n'a pas de complément direct. Exemple : *Il y* A *un Dieu.* Il est mis alors pour le verbe *être* (Il *est* un Dieu).

ÊTRE n'est auxiliaire que devant un autre verbe, à la condition de former avec celui-ci un verbe intransitif, comme dans *Ils* ÉTAIENT ARRIVÉS trop tard; ou passif, comme dans *Nous* FUMES FRAPPÉS *d'admiration;* ou pronominal, comme dans *Il* S'EST APERÇU *de sa faute* (265). Dans ce dernier cas, il est mis pour *avoir.*

Hors de là, c'est le verbe substantif *être* (251).

(*) Dans ce dernier cas, il y a, au lieu d'un verbe passif, le verbe substantif *être*, accompagné de l'adjectif verbal *bâtie.*

§ 5. — Verbe pronominal.

265. Il y a des verbes dont l'action est faite et reçue par la même personne. Exemples : *Nous nous flattons.* — *Ils se promènent.* On les appelle *pronominaux*, parce qu'ils sont toujours accompagnés d'un pronom, qui est le pronom réfléchi.

Ainsi,

266. Le verbe PRONOMINAL est celui dont le sujet et le complément sont la même personne. Exemples : *Paul* SE TROMPE. — REPOSEZ-VOUS.

267. Le verbe pronominal se divise en *réciproque* et *réfléchi*.

268. Le verbe RÉCIPROQUE présente l'action comme faite réciproquement par le sujet sur le complément, et par le complément sur le sujet. Exemples : *Ils* SE SONT BATTUS *avec acharnement*. — AIMONS-NOUS *les uns les autres*.

269. Le verbe RÉFLÉCHI est celui dont le sujet fait l'action sur le complément, sans que le complément la rende au sujet. Exemples : *Ils* SE PLAIGNENT *de vous*. — APPLIQUONS-*nous à nos devoirs*.

§ 6. — Verbe unipersonnel.

270. Le verbe a quelquefois pour sujet le pronom indéfini *il* (*), comme dans *Il pleut. Il faut*. On l'appelle alors *unipersonnel*.

Ainsi,

271. Le verbe UNIPERSONNEL est celui qui a pour sujet *il* indéfini. Exemples : *Il* FAUT *partir*. — *Il* A PLU *tout le jour*. — *Il* EST ARRIVÉ *de bonnes nouvelles*.

§ 7. — Verbes essentiels, accidentels.

272. Un verbe quelconque est *accidentel* ou *essentiel*, selon qu'il peut ou qu'il ne peut pas appartenir à une autre classe que celle où il se trouve employé.

Ainsi,

273. Le verbe transitif ESSENTIEL est celui qui ne

(*) Le pronom *il* est indéfini lorsque, contrairement au pronom personnel, il ne se rapporte à rien qui précède, comme on le voit dans *il pleut, il faut, il est arrivé des malheurs*, etc.

peut être employé comme intransitif, et réciproquement.

274. Le verbe pronominal ESSENTIEL est celui qui ne peut être que pronominal, comme *se repentir*, *s'emparer*.

275. Le verbe unipersonnel ESSENTIEL est celui qui ne peut avoir d'autre sujet que *il* indéfini, comme *pleuvoir*, *falloir*.

D'un autre côté,

276. Le verbe transitif employé sans complément direct est un intransitif ACCIDENTEL, et réciproquement l'intransitif employé avec complément direct est un transitif ACCIDENTEL, etc., etc.

277. Le verbe *avoir* qui est tantôt transitif comme dans *Il a raison*, tantôt auxiliaire comme dans *Il a fini*, est quelquefois aussi employé comme intransitif, ou neutre. C'est quand il est unipersonnel avec *y*, comme dans *Il y a*. — *Il y avait*. — *Il y aura*, etc.

ART. II. — MODES.

278. On appelle MODES les différentes formes que prend le verbe selon qu'il est plus ou moins positif.

279. Il y a six modes : l'*indicatif*, le *conditionnel*, l'*impératif*, le *subjonctif*, l'*infinitif* et le *participe*.

Indicatif.

280. L'INDICATIF présente la chose marquée par le verbe comme positive : *Je* PARLE. — *J'*AI PARLÉ. — *Je* PARLERAI.

Conditionnel.

281. Le CONDITIONNEL présente la chose marquée par le verbe comme soumise à une condition : *Je* PARLERAIS *si je l'osais*. — *J'*AURAIS PARLÉ *si je l'avais osé*.

Impératif.

282. L'IMPÉRATIF présente la chose marquée par le verbe comme commandée : PARLE. — PARLONS. — PARLEZ.

Subjonctif.

283. Le SUBJONCTIF présente la chose marquée par

le verbe comme subordonnée (*) à une autre qui précède. C'est le mode du doute, de la crainte : *Je désire qu'il* VIENNE. — *Voulez-vous que je* PARTE ? — *Je tremble qu'il ne vous* ARRIVE *malheur*.

284. L'indicatif, le conditionnel, l'impératif et le subjonctif sont les seuls modes PERSONNELS, c'est-à-dire, ayant un sujet. Dans l'impératif, ce sujet est sous-entendu.

Infinitif.

285. L'INFINITIF présente la chose comme tout à fait générale et indéterminée (**), sans nombre ni personne. Exemple : *Il faut* PARLER.

(*) En effet, ce mode ne saurait par lui-même exprimer un sens. C'est un complétif indéfini, équivalant à un infinitif ou à un participe, avec la différence qu'il a un sujet. On peut remarquer encore qu'il n'équivaut à un infinitif que quand il suit une conjonction complétive ; et qu'au contraire, il revient à un participe quand il est subordonné à un pronom conjonctif. En effet,

Quoique vous partiez signifie *malgré vous* PARTIR.

Il faut que tu viennes veut dire *il faut toi* VENIR.

Je désire qu'il sache signifie *je désire lui* SAVOIR.

Au contraire,

Quoi que vous fassiez veut dire *malgré quoi* (quoi que ce soit) *par vous* FAIT.

C'est le plus savant que je connaisse signifie *c'est le plus savant par moi connu.*

C'est le seul qui travaille veut dire *c'est le seul* TRAVAILLANT.

Dans les trois premiers exemples, le subjonctif n'est autre chose qu'un infinitif rendu personnel ; dans les trois autres, c'est un participe sous la forme personnelle. Mais toujours il doit exprimer quelque chose d'indéfini ; ou, si l'on veut, DÉPENDRE d'expressions indéfinies, telles que *quoique, avant que, pourvu que, afin que, à moins que, il n'est rien que*, etc.

De tout cela il résulte que le subjonctif est un complétif personnel indéfini.

(**) L'infinitif marque l'existence ou l'action d'une manière générale. Nous avons remarqué, de plus (*voir* la note précédente), que le subjonctif en est l'équivalent personnel, lorsqu'il est précédé d'une conjonction complétive. Cela ne veut pas dire qu'alors le subjonctif et l'infinitif ne diffèrent qu'en ce que l'un est personnel et l'autre impersonnel.

1° On ne les emploie pas indifféremment l'un pour l'autre. On ne dit pas : *Je veux que je parte* au lieu de *je veux partir*, ni *je veux partir*, au lieu de *je veux que tu partes*, ou *je veux qu'il parte*, etc.

2° Le subjonctif est toujours un complétif indéfini ; c'est là qu'est borné son rôle. Mais l'infinitif, comme complétif, est tantôt défini, tantôt indéfini, et il a par conséquent une signification moins res-

286. C'est le nom général du verbe. En effet, *soyez*, c'est le verbe *être ; nous serons*, c'est le verbe *être ; ils étaient*, c'est le verbe *être*, etc.

287. L'infinitif d'un verbe, c'est ce verbe lui-même placé après *pour* ou une autre préposition, excepté *en*.

Ainsi *aimons* a pour infinitif *aimer* parce que l'on dit POUR *aimer*.

Mécaniquement,

288. Un verbe est à l'infinitif :

1° Quand il est sujet. Exemple : TRAVAILLER *est un devoir*.

2° Quand il est attribut d'un autre infinitif. Exemple : *Travailler, c'est* PRIER.

3° Quand il est complément d'une préposition autre que *en*. Exemple : *J'étudie pour m'*INSTRUIRE.

4° Quand il suit un verbe non auxiliaire. Exemples : *Je dois le* DIRE. — *Il allait* PARTIR.

289. L'infinitif est un substantif verbal, toujours invariable, sans genre, ni nombre ni personne.

Participe.

290. Le PARTICIPE est une forme adjective que prend le verbe dans certains cas. Exemples : *Cette personne* OBLIGEANT *tout le monde est avec raison* VÉNÉRÉE *et* CHÉRIE *de tous.*

291. Il y a deux sortes de participes : le participe *présent* et le participe *passé*.

Participe présent.

292. Le participe PRÉSENT exprime la chose marquée par le verbe comme présente relativement à une autre qui l'accompagne. Exemples : *Je le vois*

---

treinte, plus étendue. Quand on dit : *Je ne crois pas que vous me trompiez*, on emploie le subjonctif précisément parce que le complément de *je ne crois pas* doit être dubitatif ; s'il le fallait positif, on mettrait le verbe à l'indicatif : *Je crois que vous ne me trompez pas*. Mais si l'on dit : *Je ne crois pas me tromper*, l'infinitif *me tromper*, qui est ici l'équivalent du subjonctif *que je me trompe*, conviendra tout aussi bien pour remplacer l'indicatif dans *je crois que je me trompe ;* car on dit aussi bien *je crois me tromper* que *je ne crois pas me tromper*.

Donc l'infinitif est une expression plus générale encore que le subjonctif.

SORTANT. — *Je l'ai vu* SORTANT. — *Je le verrai* SORTANT.

293. Le participe présent d'un verbe, c'est ce verbe lui-même après la préposition *en*.

Ainsi, *aimons* a au participe présent *aimant* parce que l'on dit *en aimant*.

Mécaniquement,

294. Un mot verbal en *ant* est participe présent :

1° Quand il marque l'action. Exemple : *Ils vont toujours* CAUSANT.

2° Quand il est ou peut être précédé de la préposition *en*. Exemples : *En* OBLIGEANT, *on se fait aimer*. — *Il est certain que*, TRAVAILLANT (en travaillant) *comme vous le faites, vous réussirez*.

3° Quand il a un complément direct. Exemple : *On les voit toujours se* QUERELLANT.

4° Quand on peut le changer en verbe personnel à l'aide d'une conjonction (*comme*, *puisque*, *si*, etc.,). Exemple : *La maladie* GAGNANT *de proche en proche, tout le pays fut bientôt atteint* (comme la maladie gagnait, etc.,).

Règles du mot verbal en **ant**.

295. Le mot verbal en *ant* est invariable quand il est participe présent.

296. Mais il est adjectif et, par conséquent, variable, quand il marque, au lieu d'une action, un état. Exemples : *Ce sont des enfants* CHARMANTS. — *Ces personnes sont très*-OBLIGEANTES (*).

(*) De tous ces moyens plus ou moins mécaniques, le meilleur est encore la définition (292), c'est-à-dire la SIMULTANÉITÉ du participe présent, et, par suite, l'ANTÉRIORITÉ de l'adjectif verbal.

Quant à l'invariabilité du premier et à la variabilité du second, voici quelques observations qui ne sont pas sans utilité.

Dans le verbe attributif ou contracté, l'attribut en *ant* qui en fait partie est un substantif verbal ; car il ne marque pas comme l'adjectif un état, une habitude, mais une action ou plutôt l'*être* ou le *faire;* il est essentiellement actif, c'est-à-dire qu'il présente toujours le sujet comme agissant. En effet,

Il court, qui signifie *il est courant*, veut dire *il est en course*.

Il travaille, qui veut dire *il est travaillant*, signifie *il est au travail*, *il est à travailler*.

Pour marquer l'état, au lieu de *il est courant*, ce serait *il est coureur;* au lieu de *il est travaillant*, ce serait *il est travailleur*, *il est laborieux*.

Il oblige, qui veut dire *il est obligeant*, ne signifie pas *il est dans*

Participe passé.

297. Le participe PASSÉ exprime une chose passée par rapport à une autre qui l'accompagne. Exemple : *Je vous trouve enfin* ARRIVÉ.

298. Le participe passé a différentes finales : *Aim*É, *fin*I, *re*ÇU, *contr*AINT, *couv*ERT, *m*ORT, *abs*OUS, etc.

299. C'est le verbe lui-même placé après *être* ou *avoir*. Ainsi, *aimé, venu* sont les participes passés de *aimer*, *venir*, parce que l'on dit AVOIR *aimé*, ÊTRE *venu*. — *J'*AI *aimé, je* SUIS *venu*, etc.

Mécaniquement,

300, Un mot verbal non terminé en *ant* est participe passé :

1° En général, quand il marque l'état. Exemple : *Ils s'arrêtèrent* ÉPUISÉS *de fatigue*.

2° Quand il est précédé du verbe *être* ou du verbe *avoir*. Exemples : *J'ai* COURU. — *Je suis* AIMÉ. — *Je me suis* APPLIQUÉ.

3° Quand, précédé d'un verbe autre que *être* et

---

l'habitude d'obliger, mais *il est en train d'obliger*. Mais quand on dit : *Cet homme est obligeant*, le mot *obligeant* marque bien un état, une habitude. Or, on peut être dans l'habitude d'obliger sans être en train d'obliger : il y a donc une grande différence entre *obligeant* de *il oblige* et *obligeant* de *cet homme est obligeant*. La différence est la même qu'entre *courant* et *coureur*, *travaillant* et *travailleur*, ou, si l'on veut, qu'entre *différant* et *différent*, *négligeant* et *négligent*. *Cet homme parle* signifie *cet homme est parlant;* mais *ce tableau est parlant* ne veut pas dire *ce tableau parle*.

Ce n'est pas seulement quand il est contracté avec le verbe que le mot verbal en *ant* exprime une action. Quand on dit : *Ces hommes obligeant tout le monde, se font aimer de tous*, le mot *obligeant* est bien évidemment actif, il marque bien évidemment une action. Il en est de même des mots écrits en capitales dans les exemples suivants :

En ÉTUDIANT, *on acquiert des connaissances.*

Pourquoi restez-vous là, REGARDANT *les allants et les venants?*

Les morts ne REVENANT *pas, les revenants ne sont que des épouvantails d'enfants.*

C'est ce mot verbal en *ant* que l'on appelle PARTICIPE PRÉSENT. Il est ainsi nommé parce que, en effet, il exprime toujours la chose comme PRÉSENTE par rapport à une autre qui l'accompagne. Définition qui, bien comprise, ferait disparaître toute difficulté : le mot verbal serait participe s'il marquait simultanéité, et adjectif s'il y avait antériorité; et là aussi on trouverait la raison de l'invariabilité de l'un et de la variabilité de l'autre.

En effet, dire qu'il y a simultanéité entre deux mots VERBAUX, *avoir*, il est antérieur à ce verbe. Exemple : *Je l'ai trouvé* PARTI.

301. REMARQUE. L'auxiliaire *être*, qui accompagne très-souvent le participe passé, est quelquefois employé pour l'auxiliaire *avoir*. Cela arrive dans les verbes pronominaux (266). Exemples : *Nous nous* ÉTIONS *flattés.* — *Ils se* SONT *repentis.* — *Vous vous* ÊTES *nui.* — Je *doute qu'ils se* SOIENT *compris.*

Règles générales d'accord du participe passé.

302. 1re RÈGLE. Quand le participe passé n'est accompagné ni de *être* ni de *avoir*, c'est un véritable adjectif, par conséquent, toujours VARIABLE. Exemples : *Ils vivaient simples et modestes,* ADMIRÉS *de tous pour leur science et* VÉNÉRÉS *pour leur vertu.*

303. 2e RÈGLE. Quand le participe passé est accompagné de *être* non mis pour *avoir*, c'est-à-dire, dans un verbe non pronominal, il s'accorde toujours avec le sujet du verbe. Exemples : *A peine étaient-ils* ARRIVÉS *qu'ils sont* REPARTIS.

---

c'est dire que deux faits sont présents l'un par rapport à l'autre ; et, par conséquent, que si l'un est verbe, l'autre doit l'être aussi. Si l'on dit, par exemple, *Je les ai entendus causant*, comme l'on a intention de dire : *Je les ai entendus lorsqu'ils causaient*, il est bien clair que le mot *causant* est un verbe, au même titre que le verbe incontesté *j'ai entendu.*

D'un autre côté, dire qu'il y a antériorité entre deux mots VERBAUX, c'est dire que celui des deux qui est antérieur à l'autre, représente un acte plus ancien, et constituant un état, qui dure depuis le moment absolu de cet acte jusqu'à l'instant où a lieu l'autre fait avec lequel il est mis en rapport. Quand on dit : *Ces personnes passent pour obligeantes*, le mot *obligeantes* marque un état provenant d'AVOIR OBLIGÉ. C'est ainsi que l'on dirait que des personnes sont *bienfaisantes* parce qu'on les aurait vues auparavant exercer la bienfaisance.

Encore une réflexion, qui peut s'appliquer aussi au participe passé.

La différence qui existe entre le participe présent et l'adjectif verbal en *ant*, se remarque absolument la même entre l'infinitif présent et le participe passé adjectif. Il y a simultanéité pour l'infinitif et antériorité pour le participe.

Prenons pour exemple cette proposition : *Ils se sont vu dépouiller.* On sait qu'elle peut s'écrire aussi, *Ils se sont vus dépouillés*, et que cette différence d'orthographe provient d'une différence de sens : *Ils se sont vu dépouiller* signifie *Ils ont vu qu'on les dépouillait* (simultanéité) ; *Ils se sont vus dépouillés* veut dire *Ils ont vus qu'on les avait dépouillés* (antériorité).

304. 3e RÈGLE. Quand le participe passé est accompagné de *avoir* ou de *être* pour *avoir*, il ne s'accorde qu'avec son complément direct, pourvu qu'il en soit précédé. Exemples :

Avec *avoir*,

1er EXEMPLE. *J'ai* ÉCRIT *à mon père.* — J'ai écrit *quoi?* rien d'exprimé. Ainsi, le participe *écrit* n'a pas de complément direct; il est donc INVARIABLE.

2e EXEMPLE. *J'ai* ÉCRIT *une lettre.* — J'ai écrit *quoi?* une lettre. Ainsi, le participe a pour complément direct *lettre;* mais ce complément direct n'est pas avant le participe; celui-ci est donc INVARIABLE.

3e EXEMPLE. *La lettre que j'ai* ÉCRITE. — J'ai écrit *quoi?* la lettre, représentée par le pronom *que.* Ainsi, le participe a pour complément direct *que*, et ce complément direct est avant le participe; celui-ci est donc VARIABLE.

Et avec *être* pour *avoir*,

1er EXEMPLE. *Ils se sont* NUI. — Ils se sont nui *qui?* eux comme sujet, mais personne comme complément direct; le participe *nui* est donc INVARIABLE.

2e EXEMPLE. *Ils se sont* PARTAGÉ *nos dépouilles.* — Ils se sont partagé *quoi?* nos dépouilles; mais ce complément direct n'est pas avant le participe; celui-ci est donc INVARIABLE.

3e EXEMPLE. *Ils se sont partagés en deux bandes* — Ils se sont partagé *qui?* eux, représentés par *se*, qui est avant le participe; celui-ci est donc VARIABLE (*).

Voir plus loin les règles particulières.

(*) Le participe passé pourrait n'être assujetti qu'à deux règles générales que voici :

1° Le participe passé sans auxiliaire, ou accompagné de l'auxiliaire *être* (non mis pour *avoir*) est toujours adjectif, et, par conséquent, toujours VARIABLE.

2° Le participe passé accompagné de *avoir* ou de *être* pour *avoir* n'est variable qu'après son substantif, qui est toujours son complément direct.

Maintenant, faut-il dire pourquoi le participe présent est toujours, et le participe passé seulement quelquefois invariable ?

D'abord, il est incontestable que le participe est un verbe sous la forme adjective, et que, par conséquent, il ne peut varier que comme verbe ou comme adjectif. Or, un verbe ne varie que par la personne et le nombre ; mais le participe n'a point de personne, et,

ART. III. — TEMPS.

305. Les temps sont les différentes époques où a lieu la chose marquée par le verbe.

306. Il y a trois temps : le *présent*, le *passé* et le *futur*.

307. Le PRÉSENT est l'instant même de la parole. Exemples : *Je parle. — J'étudie. — Nous croyons.*

308. Le PASSÉ est le temps qui précède l'instant de la parole. Exemples : *J'ai parlé. — Il avait étudié. — Ils croyaient.*

309. Le FUTUR est le temps qui vient après l'instant de la parole. Exemples : *Je parlerai. — J'aurai étudié.*

310. Il y a quatre passés : l'*imparfait*, le *passé défini*, le *passé indéfini* et le *passé antérieur*.

311. L'IMPARFAIT présente la chose passée comme inachevée, relativement à une autre également passée. Exemples : *Il* TRAVAILLAIT *pendant que vous* DORMIEZ.

C'est un passé simultané.

312. Le PASSÉ DÉFINI présente la chose passée

---

par cela même qu'il n'a pas de personne, il n'a, comme verbe, point de nombre; car c'est la personne (le sujet) qui, dans un verbe, est au singulier ou au pluriel. Le participe, comme verbe, est donc invariable. Il ne peut donc varier que comme adjectif, et c'est ce qui a lieu, comme nous allons le voir.

D'abord, le mot verbal en *ant* est simplement un verbe quand il est participe présent ; et, alors, il est invariable, comme nous l'avons reconnu. Mais il varie quand il est adjectif : nous l'avons pareillement établi.

En second lieu, le participe passé est un véritable adjectif lorsqu'il est accompagné de *être*, ou qu'il est sans auxiliaire, parce que, alors, *être* est sous-entendu. C'est pourquoi il est dans ces deux cas toujours variable.

Mais quand il est combiné avec *avoir* ou *être* pour *avoir*, il faut, pour qu'il puisse être considéré comme adjectif, que son substantif, s'il en a un, soit avant lui dans la phrase. Sans cela, ce n'est plus qu'un verbe invariable.

Cela peut sembler étrange. Néanmoins ce n'est pas une dérogation à la règle de l'adjectif. Cette construction *Nous avons* REÇUES *des nouvelles* ne serait pas plus bizarre, il nous semble, que *Nous avons* BONNES *des nouvelles*. Vous direz, il est vrai, *Nous avons de* BONNES *nouvelles*, en plaçant l'adjectif immédiatement avant le substantif, mais faites donc la même chose pour le participe *reçues*, et essayez de dire : *Nous avons de* REÇUES *nouvelles*. Vous ne le pouvez pas.

Concluons que, s'il y a difficulté, c'est bien plutôt sur la nature et la syntaxe de l'ajectif lui-même que du participe passé.

comme déterminée, c'est-à-dire entièrement SÉPARÉE DU PRÉSENT. Exemples : *Je* PARTIS *hier.* — *Romulus* FONDA *Rome* (*).

313. Le PASSÉ INDÉFINI présente la chose passée comme ayant eu lieu à une époque passée indéterminée. Exemples : *Il* EST PARTI. — *Nous* SOMMES RESTÉS.

314. Le PASSÉ ANTÉRIEUR présente la chose passée comme ayant eu lieu avant une autre également passée. Exemples : *Quand j'*EUS FINI, *je m'en allai.* — *Quand j'*AI EU FINI, *je m'en suis allé.* — *Quand j'*AVAIS FINI, *je m'en allais.*

On voit que le passé antérieur correspond aux trois autres. Ainsi,

315. Il y a trois passés antérieurs : l'*antérieur défini* (j'eus fini), l'*antérieur indéfini* (j'ai eu fini), et le *plus-que-parfait* (j'avais fini).

316. Il y a deux futurs : le *futur absolu* et le *futur antérieur.*

(*) Il s'est élevé à différentes époques de singulières discussions sur le passé *défini* et le passé *indéfini*, comme du reste à propos de l'article qui présente une question analogue. Quelques-uns en sont venus jusqu'à avancer que l'on doit appeler *défini* le passé que nous appelons *indéfini*, et *vice versà*.

On comprend qu'il y ait difficulté quand il s'agit d'établir si notre passé défini correspond à l'*aoriste* des Grecs ou à leur parfait. Mais quand il n'est question que de décider lequel de nos deux passés est défini ou indéfini, il n'y a rien là que de très-simple.

Il est bien certain que l'on peut employer, par exemple, *Je suis parti,* pour désigner une époque passée indéterminée, comme quand on dit : *Vous le vouliez, je suis parti,* phrase où le temps du départ n'est pas du tout fixé.

Il est bien certain aussi que l'on peut se servir de ce même verbe *je suis parti* pour marquer une époque déterminée, avec le secours, il est vrai, de mots ajoutés au verbe, comme lorsque l'on dit : *Je suis parti* CE MATIN. — *Je suis parti* HIER. — *Je suis parti* LA SEMAINE DERNIÈRE, etc.

De là nous pouvons, il me semble, conclure que *je suis parti* se prête à exprimer un temps passé quelconque, et que sa signification est tout à fait *générale* OU INDÉFINIE.

Mais si l'on peut dire aussi : *Je partis* HIER, *je partis* LA SEMAINE DERNIÈRE, etc., on ne peut pas dire : *Je partis* CE MATIN, *je partis* CETTE SEMAINE, etc., parce que *ce matin, cette semaine* tiennent au présent, ce qui empêche le temps passé d'être défini.

Donc, *je partis* ne peut avoir qu'une signification déterminée.

Toute cette démonstration se trouve, et bien autrement claire, dans la composition même de nos passés indéfinis, qui sont au présent par leur auxiliaire et au passé par leur participe.

317. Le FUTUR ABSOLU marque simplement l'avenir. Exemples : *Je* PARLERAI. — *Il* ÉTUDIERA.

318. Le FUTUR ANTÉRIEUR présente la chose future comme devant avoir lieu avant une autre également future. Exemples : *Je partirai quand j'*AURAI FINI. — *Nous* SERONS PARTIS *lorsque vous arriverez.*

319. Les temps sont considérés comme *principaux* ou *secondaires*, *simples* ou *composés*, *primitifs* ou *dérivés.*

320. Les temps PRINCIPAUX sont le présent, le passé défini et le futur absolu. Tous les autres sont SECONDAIRES.

321. Les temps SIMPLES sont ceux qui n'ont pas d'auxiliaire. Ce sont le présent, l'imparfait, le passé défini et le futur absolu.

Il faut excepter les verbes passifs, qui n'ont pas de temps simples.

322. Les temps COMPOSÉS sont formés d'un auxiliaire (*être* ou *avoir*) et d'un participe passé. Ce sont :

1° Pour les verbes passifs, tous les temps.

2° Pour les verbes actifs (transitifs et intransitifs), tous les temps autres que le *présent*, l'*imparfait*, le *passé défini* et le *futur absolu.*

323. Les temps PRIMITIFS sont ceux qui servent à former les autres ; et les DÉRIVÉS, ceux qui viennent des temps primitifs.

324. Il y a cinq temps primitifs : le PRÉSENT *de l'infinitif*, le *participe* PRÉSENT, le *participe* PASSÉ, le PRÉSENT *de l'indicatif* et le PASSÉ DÉFINI. Tous les autres sont DÉRIVÉS.

325. Les primitifs sont *réguliers* ou *irréguliers.*

326. Les primitifs RÉGULIERS sont ceux qui s'obtiennent par le changement :

1° De la finale *er* du présent de l'infinitif en *ant* pour le participe présent, en *é* pour le participe passé, en *e* pour le présent de l'indicatif, en *ai* pour le passé défini. Exemple : *Aim*ER, *aim*ANT, *aim*É, *j'aim*E, *j'aim*AI.

2° De la finale *ir* du présent de l'infinitif en *issant* pour le participe présent, *i* pour le participe passé, *is* pour le présent de l'indicatif, *is* pour le passé défini. Exemple : *Fin*IR, *fin*ISSANT, *fini*, *je fin*IS, *je fin*IS.

3° De la finale *evoir* du présent de l'infinitif en *evant* pour le participe présent, *u* pour le participe passé, *ois* pour le présent de l'indicatif, *us* pour le passé défini. Exemple : *Rec*EVOIR, *rec*EVANT, *reçu*, *je reç*OIS, *je reç*US.

4° De la finale *re* du présent de l'infinitif en *ant* pour le participe présent, *u* pour le participe passé, *s* pour le présent de l'indicatif, *is* pour le passé défini. Exemple : *Rend*RE, *rend*ANT, *rend*U, *je rends*, *je rend*IS.

Tous les autres sont IRRÉGULIERS.

Formation des Temps.

TEMPS SIMPLES.

327. Il faut distinguer dans le verbe une partie invariable appelée RADICAL, et une autre variable qu'on nomme TERMINAISON. Ce radical, c'est AIM dans le verbe *aimer;* c'est FIN dans *finir;* c'est REC dans *recevoir*, et REND dans *rendre;* c'est-à-dire, le présent de l'infinitif privé de ses finales.

228. Le PRÉSENT DE L'INDICATIF est un temps primitif, mais seulement au singulier. Le pluriel se forme du PARTICIPE PRÉSENT par le changement de *ant* en *ons*, *ez*, *ent*. Ainsi, de *aimant* on forme *nous aim*ONS, *vous aim*EZ, *ils aim*ENT, etc.

329. L'IMPARFAIT DE L'INDICATIF se forme du PARTICIPE PRÉSENT par le changement de *ant* en *ais*, *ais*, *ait*, *ions*, *iez*, *aient*. Ainsi de *aimant* on forme *j'aim*AIS, *tu aim*AIS, *il aim*AIT, *nous aim*IONS, *vous aim*IEZ, *ils aim*AIENT, etc.

330. Le PASSÉ DÉFINI est un temps primitif. Ses finales sont toujours

1° *ai*, *as*, *a*, *âmes*, *âtes*, *èrent* : *J'aim*AI, *tu aim*AS, etc.
2° *is*, *is*, *it*, *îmes*, *îtes*, *irent* : *Je fin*IS, *tu fin*IS, etc.
3° *us*, *us*, *ut*, *ûmes*, *ûtes*, *urent* : *Je reç*US, *tu reç*US, etc.
4° *ins*, *ins*, *int*, *înmes*, *întes*, *inrent* : *Je* VINS, *tu* VINS, etc.

331. Le FUTUR ABSOLU se forme du PRÉSENT DE L'INFINITIF par le changement de *r*, ou *re*, ou *oir* en *rai*,

ras, *ra*, *rons*, *rez*, *ront*. Ainsi, de *aimer*, on forme *j'aime*RAI, *tu aime*RAS, *il aime*RA, *nous aime*RONS, *vous aime*REZ, *ils aime*RONT, etc.

332. Le PRÉSENT DU CONDITIONNEL se forme du PRÉSENT DE L'INFINITIF par le changement de *r*, ou *re*, ou *oir* en *rais*, *rais*, *rait*, *rions*, *riez*, *raient*. Ainsi, de *aimer*, on forme *j'aime*RAIS, *tu aime*RAIS, *il aime*RAIT, *nous aime*RIONS, *vous aime*RIEZ, *ils aime*RAIENT.

333. Le PRÉSENT DE L'IMPÉRATIF se forme :

1° A la 2e personne du singulier, de la 1re du singulier du PRÉSENT DE L'INDICATIF par la suppression du pronom *je*. Ainsi, de *j'aime*, AIME; de *je finis*, FINIS, etc.

2° A la 1re et à la 2e du pluriel, de la 1re et de la 2e du pluriel du PRÉSENT DE L'INDICATIF par la suppression des pronoms *nous*, *vous*. Ainsi, de *nous aimons*, AIMONS; de *vous aimez*, AIMEZ, etc.

334. Le PRÉSENT DU SUBJONCTIF se forme du PARTICIPE PRÉSENT par le changement de *ant* en *e*, *es*, *e*, *ions*, *iez*, *ent*. Ainsi, de *aimant*, on forme *que j'aim*E, *que tu aim*ES, *qu'il aim*E, *que nous aim*IONS, *que vous aim*IEZ, *qu'ils aim*ENT. etc.

335. L'IMPARFAIT DU SUBJONCTIF se forme de la 2e personne du singulier du PASSÉ DÉFINI par le changement de *s* en *sse*, *sses*, *^t*, *ssions*, *ssiez*, *ssent*. Ainsi, de *aimas*, on forme *que j'aima*SSE, *que tu aima*SSES, *qu'il aim*ÂT, *que nous aima*SSIONS, *que vous aima*SSIEZ, *qu'ils aima*SSENT, etc.

336. Le PRÉSENT DE L'INFINITIF est un temps primitif. Il est toujours terminé par *r*, ou *re*.

337. Le PARTICIPE PRÉSENT est un temps primitif. Il est toujours en *ant*.

338. Le PARTICIPE PASSÉ est un temps primitif. Ses finales sont très-diverses : *é*, *ert*, *i*, *is*, *it*, *os*, *ort*, *u*, *us*, *ous*, *int*.

Voir les exceptions.

TEMPS COMPOSÉS.

339. Dans les verbes actifs, soit transitifs, soit intransitifs, tous les PASSÉS COMPOSÉS autres que les passés antérieurs, se forment d'un PRÉSENT D'AUXILIAIRE et d'un PARTICIPE PASSÉ.

Ainsi,

340. Le PASSÉ INDÉFINI se forme du PRÉSENT DE L'INDICATIF DE L'AUXILIAIRE *avoir* ou *être* et d'un participe passé. Exemples : *J'*AI *aimé. — Je* SUIS *arrivé. — Je me* SUIS *promené.*

341. Le PASSÉ DU CONDITIONNEL se forme du PRÉSENT DU CONDITIONNEL DE L'AUXILIAIRE *avoir* ou *être* et d'un participe passé. Exemples : *J'*AURAIS *aimé. — Je* SERAIS *arrivé. — Je me* SERAIS *promené.*

342. Le PASSÉ DU SUBJONCTIF se forme du PRÉSENT DU SUBJONCTIF DE L'AUXILIAIRE *avoir* ou *être* et d'un participe passé. Exemples : *Que j'*AIE *aimé. — Que je* SOIS *arrivé. — Que je me* SOIS *promené.*

343. Le PASSÉ DE L'INFINITIF se forme du PRÉSENT DE L'INFINITIF DE L'AUXILIAIRE *être* ou *avoir* et d'un participe passé. Exemples : AVOIR *aimé. —* ÊTRE *arrivé. — S'*ÊTRE *promené.*

344. Enfin, le PARTICIPE PASSÉ composé lui-même se forme du PARTICIPE PRÉSENT DE L'AUXILIAIRE *avoir* ou *être* et d'un participe passé. Exemples : AYANT *aimé. —* ÉTANT *arrivé. — S'*ÉTANT *promené.*

345. Comme on le voit, l'auxiliaire reste toujours au même temps, il n'y a de changé que le mode.

346. Tous les PLUS-QUE-PARFAITS sont formés d'un IMPARFAIT D'AUXILIAIRE et d'un participe passé.

Ainsi,

347. Le PLUS-QUE-PARFAIT DE L'INDICATIF est formé de l'IMPARFAIT DE L'INDICATIF, et le PLUS-QUE-PARFAIT DU SUBJONCTIF de l'IMPARFAIT DU SUBJONCTIF DE L'AUXILIAIRE *avoir* ou *être* et d'un participe passé. Exemples : *J'*AVAIS *aimé. — J'*ÉTAIS *arrivé. — Je m'*ÉTAIS *promené. — Que j'*EUSSE *aimé. — Que je* FUSSE *arrivé. — Que je me* FUSSE *promené.*

348. Les PASSÉS ANTÉRIEURS sont formés d'un PASSÉ D'AUXILIAIRE et d'un participe passé.

Ainsi,

349. Le PASSÉ ANTÉRIEUR DÉFINI se forme du PASSÉ DÉFINI, et le PASSÉ ANTÉRIEUR INDÉFINI du PASSÉ INDÉFINI DE L'AUXILIAIRE *avoir* ou *être* et d'un participe passé. Exemples : *J'*EUS AIMÉ. *— Je* FUS *arrivé. — Je me* FUS *promené. — J'*AI EU *aimé. — J'*AI ÉTÉ *arrivé* (par exemple, *quand j'ai été arrivé*).

350. Les verbes pronominaux n'ont pas de passé antérieur indéfini (*).

351. Le FUTUR ANTÉRIEUR se forme du FUTUR DE L'AUXILIAIRE *avoir* ou *être* et d'un participe passé. Exemples : *J'*AURAI *aimé*. — *Je* SERAI *arrivé*. — *Je me* SERAI *promené*.

352. Dans les verbes passifs, chaque temps est formé du même temps et du même mode DE L'AUXILIAIRE *être* et d'un participe passé.

Ainsi,

353. Le PRÉSENT DE L'INDICATIF du verbe passif *être aimé* est formé du PRÉSENT DE L'INDICATIF DE L'AUXILIAIRE *être* et du participe passé *aimé*. Exemples : *Je* SUIS *aimé*, *tu es aimé*, etc., etc.

Voir le modèle de conjugaison passive.

ART. IV. — PERSONNE ET NOMBRE DANS LE VERBE.

354. Quand le verbe a un sujet (exprimé ou sous-entendu), sa terminaison se modifie suivant que ce sujet est de la 1re, ou de la 2e, ou de la 3e personne, au singulier ou au pluriel.

Ainsi, assez généralement, il se termine à la 1re personne du singulier par *s*, à la 2e par *s*, à la 3e par *t*; *à* la 1re du pluriel par *s*, à la 2e par *s*, ou par *z*, à la 3e par *nt*.

Au pluriel, il n'y a pas d'exception.

Le verbe est alors appelé PERSONNEL.

Règles générales d'accord du verbe avec son sujet.

355. 1re RÈGLE. Le verbe personnel prend la personne et le nombre de son sujet.

(*) C'est sans doute parce que le passé indéfini de l'auxiliaire *être* renferme le verbe *avoir* (j'ai été, tu as été, etc.,), qui ne doit pas se trouver dans le verbe pronominal.

La raison, il nous semble, qui fait employer *être* au lieu de *avoir* dans les verbes pronominaux, c'est que, ces sortes de verbes ayant pour sujet et pour complément la même personne, ils sont pour ainsi dire moitié actifs, moitié passifs. Dans *Je me promène*, c'est la même personne qui PROMÈNE et qui EST PROMENÉE. C'est pour cela sans doute qu'ils participent de la forme active et de la forme passive : de la première dans les temps simples, de la deuxième dans les temps composés.

Ainsi, dans *Je finis*, le verbe *finis* est à la 1re personne du singulier parce que son sujet *je* est de la 1re personne et au singulier. Dans *Tu finis*, il est à la 2e personne du singulier parce que son sujet *tu* est de la 2e personne et au singulier. Dans *Nous finissons*, le verbe est à la 1re du pluriel parce que, etc., etc.

356. 2e RÈGLE. Quand le verbe a plusieurs sujets, il se met au pluriel.

Ainsi, dans *Pierre et Paul jouent*, le verbe *jouent* est à la 3e personne du pluriel parce qu'il a deux sujets de la 3e personne (deux noms).

357. 3e RÈGLE. Quand le verbe a plusieurs sujets de personne différente, il se met au pluriel et prend la personne la plus élevée (de celles de ces sujets).

Ainsi, dans *Vous et votre frère partirez*, le verbe *partirez* est à la 2e personne du pluriel parce qu'il a deux sujets de différente personne : *vous*, qui est de la 2e, et *frère*, qui n'est que de la 3e.

Règles plus particulières d'accord du verbe.

358. Quand le verbe a plusieurs sujets joints par la conjonction *ou*, il ne s'accorde qu'avec le plus rapproché, *ou* excluant les autres. Exemple : *Pierre ou Paul* PARTIRA.

Excepté quand les sujets sont de différente personne, auquel cas on suit la règle générale (357). Exemples : *Vous ou moi* PARTIRONS. — *Vous ou lui* RESTEREZ.

359. Quand le verbe a plusieurs sujets joints par la conjonction *ni*, il ne s'accorde qu'avec le plus rapproché si, la phrase étant rendue affirmative, on a *ou* au lieu de *ni*. Exemple : *Ni Pierre ni Paul n'*OBTIENDRA *cette place*, phrase qui, rendue affirmative, serait *Pierre ou Paul obtiendra cette place.*

Mais il s'accorde avec tous les sujets quand, la phrase étant rendue affirmative, on a *et* au lieu de *ni*. Exemple : *Ni Pierre ni Paul n'*ONT OBÉI, parce que, rendue affirmative, la phrase serait *Pierre et Paul ont obéi.*

Excepté quand les sujets sont de personne différente.

360. Quand le verbe a pour sujets des synonymes ou des noms placés par gradation, il ne s'accorde qu'avec le dernier, celui-là renfermant tous les autres. Exemples : *Sa politesse, la noblesse de ses manières nous* A CHARMÉS. — *Le devoir, la patrie, l'honneur nous* APPELLE.

361. Quand le verbe a plusieurs sujets joints par une des expressions *comme*, *ainsi que*, *aussi bien que* et autres de ce genre, il ne s'accorde qu'avec le premier, étant sous-entendu pour les autres. Exemple : *Pierre, ainsi que Paul*, TRAVAILLE *et* RÉUSSIRA.

ART. V. — CONJUGAISON.

362. On appelle *conjugaisons* certaines familles de verbes qui suivent entre elles à peu près les mêmes règles pour la formation de leurs désinences ou finales.

363. Il y a quatre conjugaisons, que l'on distingue par la terminaison du présent de l'infinitif, c'est-à-dire, du mot verbal amené par la préposition *pour* (287).

364. La 1re CONJUGAISON a le présent de l'infinitif terminé par *er*. Elle comprend tous les verbes qui ont au présent de l'infinitif le son aigu *é*, comme *aimer*, *chanter*, etc.

365. La 2e CONJUGAISON a le présent de l'infinitif terminé par *ir*. Elle comprend tous les verbes qui ont au présent de l'infinitif le son final *ir*, excepté :

1° Les verbes qui ont leur participe présent en *isant*, comme *dire*, *lire*, ou en *ivant* comme *écrire*, *prescrire*. Ces verbes appartiennent à la 4e conjugaison.

2° Les verbes *bruire*, *frire*, *maudire*, *occire*, *rire*, qui sont aussi de la 4e.

366. La 3e CONJUGAISON a le présent de l'infinitif terminé par *oir*. Elle comprend tous les verbes qui ont au présent de l'infinitif le son final *oir*, excepté *boire*, *croire* et leurs composés.

367. La 4e CONJUGAISON a le présent de l'infinitif terminé par *re*. Elle comprend tous les verbes qui n'appartiennent à aucune des trois premières.

CONJUGAISONS.

VERBES AUXILIAIRES (*).

368. Avoir.

INDICATIF.

PRÉSENT.

J'ai,
tu as,
il a,
nous avons,
vous avez,
ils ont.

IMPARFAIT.

J'avais,
tu avais,
il avait,
nous avions,
vous aviez,
ils avaient.

PASSÉ DÉFINI.

J'eus,
tu eus,
il eut,
nous eûmes,
vous eûtes,
ils eurent.

PASSÉ INDÉFINI.

J'ai eu,
tu as eu,
il a eu,
nous avons eu,
vous avez eu,
ils ont eu.

PASSÉ ANTÉRIEUR DÉFINI.

J'eus eu,
tu eus eu,
il eut eu,
nous eûmes eu,
vous eûtes eu,
ils eurent eu.

Pas d'antér. indéfini.

PLUS-QUE-PARFAIT.

J'avais eu,
tu avais eu,
il avait eu,
nous avions eu,
vous aviez eu,
ils avaient eu.

FUTUR ABSOLU.

J'aurai,
tu auras,
il aura,
nous aurons,
vous aurez,
ils auront.

FUTUR ANTÉRIEUR.

J'aurai eu,
tu auras eu,
il aura eu,
nous aurons eu,
vous aurez eu,
ils auront eu.

CONDITIONNEL.

PRÉSENT.

J'aurais,
tu aurais,
il aurait,
nous aurions,
vous auriez,
ils auraient.

PASSÉ.

J'aurais eu,
tu aurais eu,
il aurait eu,
nous aurions eu,
vous auriez eu,
ils auraient eu.

AUTRE PASSÉ.

J'eusse eu,
tu eusses eu,
il eût eu,
nous eussions eu,
vous eussiez eu,
ils eussent eu.

IMPÉRATIF (**).

PRÉSENT.

(Ce verbe n'a pas d'autre temps à l'impé-

(*) Comme les conjugaisons ne peuvent se passer du verbe *avoir* et du verbe *être*, qui entrent dans nos temps composés, il est indispensable de connaître avant tout ces deux auxiliaires; et nous commençons par *avoir* parce qu'il se trouve même dans l'auxiliaire *être* (j'ai été, j'avais été, avoir été, etc.,).

(**) L'impératif n'a pas de 1re personne au singulier parce que la personne à qui l'on commande, est nécessairement celle à qui l'on parle, c'est-à-dire la 2e.

Il n'a pas de 3e personne, ni au singulier ni au pluriel pour la même raison.

Mais il a une 1re personne au pluriel parce que la personne qui commande, c'est-à-dire, celle qui parle, ou la 1re, moi, peut se trouver avec la 2e pour exécuter le commandement.

Cela s'applique à tous les verbes.

Le passé de l'impératif est très-peu usité, comme aussi le passé antérieur indéfini (indicatif). *Voir* la règle de formation, nos 339, 349.

ratif ; il n'a non plus ni 1re personne au singulier, ni 3e personne au singulier et au pluriel.)

2e du singulier, aie,
1re du pluriel, ayons,
2e du pluriel, ayez.

SUBJONCTIF.

PRÉSENT.

Que j'aie,
que tu aies,
qu'il ait,
que nous ayons,
que vous ayez,
qu'ils aient.

IMPARFAIT.

Que j'eusse,
que tu eusses,
qu'il eût,
que nous eussions,
que vous eussiez,
qu'ils eussent.

PASSÉ.

Que j'aie eu,
que tu aies eu,
qu'il ait eu,
que nous ayons eu,
que vous ayez eu,
qu'ils aient eu.

PLUS-QUE-PARFAIT.

Que j'eusse eu,
que tu eusses eu,
qu'il eût eu,
que nous eussions eu,
que vous eussiez eu,
qu'ils eussent eu.

INFINITIF.

PRÉSENT.

Avoir.

PASSÉ.

Avoir eu.

PARTICIPE.

PRÉSENT.

Ayant.

PASSÉ.

Eu.

PASSÉ COMPOSÉ.

Ayant eu.

---

369. **Être.**

INDICATIF.

PRÉSENT.

Je suis,
tu es,
il est,
nous sommes,
vous êtes,
ils sont.

IMPARFAIT.

J'étais,
tu étais,
il était,
nous étions,
vous étiez,
ils étaient.

PASSÉ DÉFINI.

Je fus,
tu fus,
il fut,
nous fûmes,
vous fûtes,
ils furent.

PASSÉ INDÉFINI.

J'ai été,
tu as été,
il a été,
nous avons été,
vous avez été,
ils ont été.

PASSÉ ANTÉRIEUR DÉFINI.

J'eus été,
tu eus été,
il eut été,
nous eûmes été,
vous eûtes été,
ils eurent été.

PASSÉ ANTÉRIEUR INDÉFINI.

(Très-peu usité.)

J'ai eu été,
tu as eu été,
il a eu été,
nous avons eu été,
vous avez eu été,
ils ont eu été.

PLUS-QUE-PARFAIT.

J'avais été,
tu avais été,
il avait été,
nous avions été,
vous aviez été,
ils avaient été.

FUTUR ABSOLU.

Je serai,
tu seras,
il sera,
nous serons,
vous serez,
ils seront.

FUTUR ANTÉRIEUR.

J'aurai été,
tu auras été,
il aura été,
nous aurons été,
vous aurez été,
ils auront été.

CONDITIONNEL.

PRÉSENT.

Je serais,
tu serais,
il serait,
nous serions,
vous seriez,
ils seraient.

PASSÉ.

J'aurais été,
tu aurais été,
il aurait été,

nous aurions été,
vous auriez été,
ils auraient été.

AUTRE PASSÉ.

J'eusse été,
tu eusses été,
il eût été,
nous eussions été,
vous eussiez été,
ils eussent été.

IMPÉRATIF.

PRÉSENT.

Sois,
Soyons,
Soyez.

SUBJONCTIF.

PRÉSENT.

Que je sois,
que tu sois,
qu'il soit,
que nous soyons,
que vous soyez,
qu'ils soient.

IMPARFAIT.

Que je fusse,
que tu fusses,
qu'il fût,
que nous fussions,
que vous fussiez,
qu'ils fussent.

PASSÉ.

Que j'aie été,
que tu aies été,
qu'il ait été.
que nous ayons été,
que vous ayez été,
qu'ils aient été.

PLUS-QUE-PARFAIT.

Que j'eusse été,
que tu eusses été,
qu'il eût été,
que nous eussions été,
que vous eussiez été,
qu'ils eussent été.

INFINITIF.

PRÉSENT.

Être.

PASSÉ.

Avoir été.

PARTICIPE.

PRÉSENT.

Étant.

PASSÉ.

Été.

PASSÉ COMPOSÉ.

Ayant été.

Emploi des auxiliaires.

Règles générales.

370. On emploie *avoir* :

1° Avec les verbes transitifs non pronominaux.

2° Avec la plupart des verbes intransitifs non pronominaux.

371. On emploie *être* :

1° Avec les verbes passifs.

2° Avec les verbes pronominaux.

3° Avec les intransitifs *aller*, *arriver*, *décéder*, *entrer*, *rentrer*, *tomber*, *venir*, *devenir*, *parvenir*, *revenir*, *survenir*, *accourir*, *mourir*, *partir*, *repartir*, *sortir*, *ressortir*, *échoir*, *naître*.

Voir les règles particulières.

372. VERBES ACTIFS TRANSITIFS.

1re conjugaison *Aim* ER	2e conjugaison *Fin* IR	3e conjugaison *Recev* OIR	4e conjugaison *Rend* RE
	INDICATIF.		
	PRÉSENT.		
J'aime,	Je finis,	Je reçois,	Je rends,
tu aimes,	tu finis,	tu reçois,	tu rends,
il aime,	il finit,	il reçoit,	il rend,
nous aimons,	nous finissons,	nous recevons,	nous rendons,
vous aimez,	vous finissez,	vous recevez,	vous rendez,
ils aiment.	ils finissent.	ils reçoivent.	ils rendent.
	IMPARFAIT.		
J'aimais,	Je finissais,	Je recevais,	Je rendais,
tu aimais,	tu finissais,	tu recevais,	tu rendais,
il aimait,	il finissait,	il recevait,	il rendait,
nous aimions,	nous finissions,	nous recevions,	nous rendions,
vous aimiez,	vous finissiez,	vous receviez,	vous rendiez,
ils aimaient.	ils finissaient.	ils recevaient.	ils rendaient.
	PASSÉ DÉFINI.		
J'aimai,	Je finis,	Je reçus,	Je rendis,
tu aimas,	tu finis,	tu reçus,	tu rendis,
il aima,	il finit,	il reçut,	il rendit,

VERBES ACTIFS TRANSITIFS.

1re conjugaison *Aim* ER	2e conjugaison *Fin* IR	3e conjugaison *Recev* OIR	4e conjugaison *Rend* RE
nous aimâmes, vous aimâtes, ils aimèrent.	nous finîmes, vous finîtes, ils finirent.	nous reçûmes, vous reçûtes, ils reçurent.	nous rendîmes, vous rendîtes, ils rendirent.
PASSÉ INDÉFINI.			
J'ai aimé, tu as aimé, il a aimé, nous avons aimé, vous avez aimé, ils ont aimé.	J'ai fini, tu as fini, il a fini, nous avons fini, vous avez fini, ils ont fini.	J'ai reçu, tu as reçu, il a reçu, nous avons reçu, vous avez reçu, ils ont reçu.	J'ai rendu, tu as rendu, il a rendu, nous avons rendu, vous avez rendu, ils ont rendu.
PASSÉ ANTÉRIEUR DÉFINI.			
J'eus aimé, tu eus aimé, il eut aimé, nous eûmes aimé, vous eûtes aimé, ils eurent aimé.	J'eus fini, tu eus fini, il eut fini, nous eûmes fini, vous eûtes fini, ils eurent fini.	J'eus reçu, tu eus reçu, il eut reçu, nous eûmes reçu, vous eûtes reçu, ils eurent reçu.	J'eus rendu, tu eus rendu, il eut rendu, nous eûmes rendu, vous eûtes rendu, ils eurent rendu.
PASSÉ ANTÉRIEUR INDÉFINI.			
J'ai eu aimé, tu as eu aimé, il a eu aimé,	J'ai eu fini, tu as eu fini, il a eu fini,	J'ai eu reçu, tu as eu reçu, il a eu reçu,	J'ai eu rendu, tu as eu rendu, il a eu rendu,

nous avons eu aimé,	nous avons eu fini,	nous avons eu reçu,	nous avons eu rendu,
vous avez eu aimé,	vous avez eu fini,	vous avez eu reçu,	vous avez eu rendu,
ils ont eu aimé.	ils ont eu fini.	ils ont eu reçu.	ils ont eu rendu.

PLUS-QUE-PARFAIT.

J'avais aimé,	J'avais fini,	J'avais reçu,	J'avais rendu,
tu avais aimé,	tu avais fini,	tu avais reçu,	tu avais rendu,
il avait aimé,	il avait fini,	il avait reçu,	il avait rendu,
nous avions aimé,	nous avions fini,	nous avions reçu,	nous avions rendu,
vous aviez aimé,	vous aviez fini,	vous aviez reçu,	vous aviez rendu,
ils avaient aimé.	ils avaient fini.	ils avaient reçu.	ils avaient rendu.

FUTUR ABSOLU.

J'aimerai,	Je finirai,	Je recevrai,	Je rendrai,
tu aimeras,	tu finiras,	tu recevras,	tu rendras,
il aimera,	il finira,	il recevra,	il rendra,
nous aimerons,	nous finirons,	nous recevrons,	nous rendrons,
vous aimerez,	vous finirez,	vous recevrez,	vous rendrez,
ils aimeront.	ils finiront.	ils recevront.	ils rendront.

FUTUR ANTÉRIEUR.

J'aurai aimé,	J'aurai fini,	J'aurai reçu,	J'aurai rendu,
tu auras aimé,	tu auras fini,	tu auras reçu,	tu auras rendu,
il aura aimé,	il aura fini,	il aura reçu,	il aura rendu,
nous aurons aimé,	nous aurons fini,	nous aurons reçu,	nous aurons rendu,
vous aurez aimé,	vous aurez fini,	vous aurez reçu,	vous aurez rendu,
ils auront aimé.	ils auront fini.	ils auront reçu.	ils auront rendu.

CONDITIONNEL.

PRÉSENT.

J'aimerais,	Je finirais,	Je recevrais,	Je rendrais,
tu aimerais,	tu finirais,	tu recevrais,	tu rendrais,

VERBES ACTIFS TRANSITIFS.

1re conjugaison *Aim* ER	2e conjugaison *Fin* IR	3e conjugaison *Recev* OIR	4e conjugaison *Rend* RE
il aimerait, nous aimerions, vous aimeriez, ils aimeraient.	il finirait, nous finirions, vous finiriez, ils finiraient.	il recevrait, nous recevrions, vous recevriez, ils recevraient.	il rendrait, nous rendrions, vous rendriez, ils rendraient.
	PASSÉ.		
J'aurais aimé, tu aurais aimé, il aurait aimé, nous aurions aimé, vous auriez aimé, ils auraient aimé.	J'aurais fini, tu aurais fini, il aurait fini, nous aurions fini, vous auriez fini. ils auraient fini.	J'aurais reçu, tu aurais reçu, il aurait reçu, nous aurions reçu, vous auriez reçu, ils auraient reçu.	J'aurais rendu, tu aurais rendu, il aurait rendu, nous aurions rendu, vous auriez rendu, ils auraient rendu.
	On dit aussi :		
J'eusse aimé, tu eusses aimé, il eût aimé, nous eussions aimé, vous eussiez aimé, ils eussent aimé.	J'eusse fini, tu eusses fini, il eût fini, nous eussions fini, vous eussiez fini, ils eussent fini.	J'eusse reçu, tu eusses reçu, il eût reçu, nous eussions reçu, vous eussiez reçu, ils eussent reçu.	J'eusse rendu, tu eusses rendu, il eût rendu, nous eussions rendu, vous eussiez rendu, ils eussent rendu.

IMPÉRATIF.

PRÉSENT.

Aime, Aimons, Aimez.	Finis, Finissons, Finissez.	Reçois, Recevons, Recevez.	Rends, Rendons, Rendez.

SUBJONCTIF.

PRÉSENT.

Que j'aime, que tu aimes, qu'il aime, que nous aimions, que vous aimiez, qu'ils aiment.	Que je finisse, que tu finisses, qu'il finisse, que nous finissions, que vous finissiez, qu'ils finissent.	Que je reçoive, que tu reçoives, qu'il reçoive, que nous recevions, que vous receviez, qu'ils reçoivent.	Que je rende, que tu rendes, qu'il rende, que nous rendions, que vous rendiez, qu'ils rendent.

IMPARFAIT.

Que j'aimasse, que tu aimasses, qu'il aimât, que nous aimassions, que vous aimassiez, qu'ils aimassent.	Que je finisse, que tu finisses, qu'il finît, que nous finissions, que vous finissiez, qu'ils finissent.	Que je reçusse, que tu reçusses, qu'il reçût, que nous reçussions, que vous reçussiez, qu'ils reçussent.	Que je rendisse, que tu rendisses, qu'il rendît, que nous rendissions, que vous rendissiez, qu'ils rendissent.

PASSÉ.

Que j'aie aimé, que tu aies aimé, qu'il ait aimé, que nous ayons aimé, que vous ayez aimé, qu'ils aient aimé.	Que j'aie fini, que tu aies fini, qu'il ait fini, que nous ayons fini, que vous ayez fini, qu'ils aient fini.	Que j'aie reçu, que tu aies reçu, qu'il ait reçu, que nous ayons reçu, que vous ayez reçu, qu'ils aient reçu.	Que j'aie rendu, que tu aies rendu, qu'il ait rendu, que nous ayons rendu, que vous ayez rendu, qu'ils aient rendu.

VERBES ACTIFS TRANSITIFS.

1re conjugaison *Aim* ER	2e conjugaison *Fin* IR	3e conjugaison *Recev* OIR	4e conjugaison *Rend* RE
	PLUS-QUE-PARFAIT.		
Que j'eusse aimé, que tu eusses aimé, qu'il eût aimé, que nous eussions aimé, que vous eussiez aimé, qu'ils eussent aimé.	Que j'eusse fini. què tu eusses fini, qu'il eût fini, que nous eussions fini, que vous eussiez fini, qu'ils eussent fini.	Que j'eusse reçu. que tu eusses reçu, qu'il eût reçu, que nous eussions reçu, que vous eussiez reçu, qu'ils eussent reçu.	Que j'eusse rendu, que tu eusses rendu, qu'il eût rendu, que nous eussions rendu, que vous eussiez rendu, qu'ils eussent rendu.
	INFINITIF.		
	PRÉSENT.		
Aimer.	Finir.	Recevoir.	Rendre.
	PASSÉ.		
Avoir aimé.	Avoir fini.	Avoir reçu.	Avoir rendu.
	PARTICIPE.		
	PRÉSENT.		
Aimant.	Finissant.	Recevant.	Rendant.
	PASSÉ.		
Aimé, Ayant aimé.	Fini, Ayant fini.	Reçu, Ayant reçu.	Rendu, Ayant rendu.

Voir plus loin les irrégularités.

373. CONJUGAISON DES VERBES **passifs**.

Les verbes PASSIFS sont toujours au temps de leur auxiliaire, ce qui en rend la conjugaison facile. Il suffit de mettre le verbe *être* au même temps et au même mode où l'on veut que soit le verbe passif, et d'y ajouter le participe passé du verbe que l'on conjugue.

INDICATIF.

PRÉSENT.

Je suis aimé *ou* aimée (303).
tu es aimé *ou* aimée,
il est aimé, elle est aimée,
nous sommes aimés *ou* aimées,
vous êtes aimés *ou* aimées,
ils sont aimés, elles sont aimées.

IMPARFAIT.

J'étais aimé *ou* aimée,
tu étais aimé, etc.,
il était aimé, etc.,
nous étions aimés *ou* aimées,
vous étiez aimés, etc.,
ils étaient aimés, etc.

PASSÉ DÉFINI.

Je fus / tu fus / il fut } aimé,
nous fûmes / vous fûtes / ils furent } aimés.

PASSÉ INDÉFINI.

J'ai été / tu as été / il a été } aimé,
nous avons été / vous avez été / ils ont été } aimés.

PASSÉ ANTÉRIEUR DÉFINI.

J'eus été / tu eus été / il eut été } aimé,
nous eûmes été / vous eûtes été / ils eurent été } aimés.

PLUS-QUE-PARFAIT.

J'avais été / tu avais été / il avait été } aimé,
nous avions été / vous aviez été / ils avaient été } aimés.

Le passé antérieur indéfini est peu usité. Ce serait : *J'ai eu été aimé, tu as eu été aimé*, etc.

FUTUR ABSOLU.

Je serai / tu seras / il sera } aimé,
nous serons / vous serez / ils seront } aimés.

FUTUR ANTÉRIEUR.

J'aurai été / tu auras été / il aura été } aimé,
nous aurons été / vous aurez été / ils auront été } aimés.

CONDITIONNEL.

PRÉSENT.

Je serais / tu serais / il serait } aimé,
nous serions / vous seriez / ils seraient } aimés.

PASSÉ.

J'aurais été / tu aurais été / il aurait été } aimé,
nous aurions été / vous auriez été / ils auraient été } aimés.

On dit aussi au conditionnel passé :

J'eusse été / tu eusses été / il eût été } aimé,

nous eussions été
vous eussiez été } aimés.
ils eussent été

IMPÉRATIF.

PRÉSENT.

Pas de 1re personne au singulier.
Sois aimé.
Pas de 3e personne au singulier.
Soyons aimés,
soyez aimés.
Pas de 3e personne au pluriel.

SUBJONCTIF.

PRÉSENT.

Que je sois
que tu sois } aimé,
qu'il soit
que nous soyons
que vous soyez } aimés.
qu'ils soient

IMPARFAIT.

Que je fusse
que tu fusses } aimé,
qu'il fût
que nous fussions
que vous fussiez } aimés.
qu'ils fussent

PASSÉ.

Que j'aie été
que tu aies été } aimé,
qu'il ait été
que nous ayons été
que vous ayez été } aimés.
qu'ils aient été

PLUS-QUE-PARFAIT.

Que j'eusse été
que tu eusses été } aimé,
qu'il eût été
que nous eussions été
que vous eussiez été } aimés.
qu'ils eussent été

INFINITIF.

PRÉSENT.

Être aimé.

PASSÉ.

Avoir été aimé.

PARTICIPE.

PRÉSENT.

Étant aimé.

PASSÉ.

Ayant été aimé.

La conjugaison passive n'est donc autre chose que la conjugaison du verbe *être* lui-même (365) avec addition d'un participe passé de verbe transitif.

---

374. CONJUGAISON DES VERBES **intransitifs.**

Les verbes INTRANSITIFS se conjuguent comme les verbes transitifs (367). Seulement, dans les temps composés, quelques-uns, comme *venir*, *tomber*, prennent l'auxiliaire *être* au lieu de l'auxiliaire *avoir*.
Exemples :

Avec l'auxiliaire **AVOIR.**	*Avec l'auxiliaire* **ÊTRE.**
INDICATIF.	
PRÉSENT.	
Je travaille, tu travailles, etc.	Je tombe, tu tombes, etc.
IMPARFAIT.	
Je travaillais, etc.	Je tombais, etc.

PASSÉ DÉFINI.

Je travaillai, etc.	Je tombai, etc.

PASSÉ INDÉFINI.

J'ai travaillé, tu as travaillé, il a travaillé, nous avons travaillé, vous avez travaillé, ils ont travaillé.	Je suis tombé, tu es tombé, il est tombé, nous sommes tombés, vous êtes tombés, ils sont tombés.

PASSÉ ANTÉRIEUR DÉFINI.

J'eus travaillé, tu eus travaillé, etc.	Je fus tombé, tu fus tombé, etc.

PASSÉ ANTÉRIEUR INDÉFINI.

J'ai eu travaillé, tu as eu travaillé, etc.	*n'existe pas.*

PLUS-QUE-PARFAIT.

J'avais travaillé, tu avais travaillé, etc.	J'étais tombé, tu étais tombé, etc.

FUTUR ABSOLU.

Je travaillerai, etc.	Je tomberai, etc.

FUTUR ANTÉRIEUR.

J'aurai travaillé, tu auras travaillé, etc.	Je serai tombé, tu seras tombé, etc.

CONDITIONNEL.

PRÉSENT.

Je travaillerais, etc.	Je tomberais, etc.

PASSÉ.

J'aurais travaillé, tu aurais travaillé, etc.	Je serais tombé, tu serais tombé, etc.

IMPÉRATIF.

PRÉSENT.

Travaille, etc.	Tombe, etc.

SUBJONCTIF.

PRÉSENT.

Que je travaille, etc.	Que je tombe, etc.

IMPARFAIT.

Que je travaillasse, etc.	Que je tombasse, etc.

PASSÉ.

Que j'aie travaillé, que tu aies travaillé, etc.	Que je sois tombé, que tu sois tombé, etc.

PLUS-QUE-PARFAIT.

Que j'eusse travaillé, que tu eusses travaillé, etc.	Que je fusse tombé, que tu fusses tombé, etc.

INFINITIF.

PRÉSENT.

Travailler.	Tomber.

PASSÉ.

Avoir travaillé.	Être tombé.

PARTICIPE.

PRÉSENT.

Travaillant.	Tombant.

PASSÉ.

Travaillé, ayant travaillé.	Tombé, étant tombé.

---

375. CONJUGAISON DES VERBES **pronominaux**.

Les verbes PRONOMINAUX se conjuguent comme les verbes intransitifs, dont l'auxiliaire est *être*, mais avec le pronom réfléchi avant le verbe, excepté l'impératif où ce pronom se met après.

Exemple :

INDICATIF.

PRÉSENT.

Je me repens,
tu te repens,
il se repent,
nous nous repentons,
vous vous repentez,
ils se repentent.

IMPARFAIT.

Je me repentais,
tu te repentais,
etc.

PASSÉ DÉFINI.

Je me repentis,
tu te repentis,
etc.

PASSÉ INDÉFINI.

Je me suis repenti,
tu t'es repenti,
il s'est repenti,
nous nous sommes repentis,
vous vous êtes repentis,
ils se sont repentis.

PASSÉ ANTÉRIEUR DÉFINI.

Je me fus repenti,
tu te fus repenti,
etc.

Pas de passé antérieur indéfini.

PLUS-QUE-PARFAIT.

Je m'étais repenti,
tu t'étais repenti,
etc.

FUTUR ABSOLU.

Je me repentirai,
tu te repentiras,
etc.

FUTUR ANTÉRIEUR.

Je me serai repenti,
tu te seras repenti,
il se sera repenti,
etc.

CONDITIONNEL.

PRÉSENT.

Je me repentirais,
tu te repentirais,
etc.

PASSÉ.

Je me serais repenti,
tu te serais repenti,
etc.

IMPÉRATIF.

PRÉSENT.

Repens-toi,
repentons-nous,
repentez-vous.

SUBJONCTIF.

PRÉSENT.

Que je me repente, etc.

IMPARFAIT.

Que je me repentisse, etc.

PASSÉ.

Que je me sois repenti, etc.

PLUS-QUE-PARFAIT.

Que je me fusse repenti, etc.

INFINITIF.

PRÉSENT.

Se repentir.

PASSÉ.

S'être repenti.

PARTICIPE.

PRÉSENT.

Se repentant.

PASSÉ.

Repenti (inusité sans l'auxiliaire).
S'étant repenti.

---

376. CONJUGAISON DES VERBES **unipersonnels.**

Le verbe UNIPERSONNEL est toujours :

1° Ou INTRANSITIF, comme IL FAUT, IL PLEUT, IL Y A, etc.

2° Ou PRONOMINAL, comme IL S'AGIT, IL SE PEUT, etc.

3° Ou PASSIF, comme dans IL EST ÉCRIT : *Vous ne tuerez pas.*

Exemples :

Uniperson. intrans.	*Uniperson. pronom.*	*Uniperson. passif.*
	INDICATIF.	
	PRÉSENT.	
Il faut.	Il s'agit.	Il est écrit que, etc.
	IMPARFAIT.	
Il fallait.	Il s'agissait.	Il était écrit...
	PASSÉ DÉFINI.	
Il fallut.	Il s'agit.	Il fut écrit...
	PASSÉ INDÉFINI.	
Il a fallu.	Il s'est agi.	Il a été écrit...
	PASSÉ ANTÉRIEUR DÉFINI.	
Il eut fallu.	Il se fut agi.	Il eut été écrit...

PLUS-QUE-PARFAIT.

Il avait fallu.	Il s'était agi.	Il avait été écrit...

FUTUR ABSOLU.

Il faudra.	Il s'agira.	Il sera écrit...

FUTUR ANTÉRIEUR.

Il aura fallu.	Il se sera agi.	Il aura été écrit...

CONDITIONNEL.

PRÉSENT.

Il faudrait.	Il s'agirait.	Il serait écrit...

PASSÉ.

Il aurait fallu.	Il se serait agi.	Il aurait été écrit...

Ou bien :

Il eût fallu.	Il se fût agi.	Il eût été écrit...

Pas d'impératif.

SUBJONCTIF.

PRÉSENT.

Qu'il faille.	Qu'il s'agisse.	Qu'il soit écrit...

IMPARFAIT.

Qu'il fallût.	Qu'il s'agît.	Qu'il fût écrit...

PASSÉ.

Qu'il ait fallu.	Qu'il se soit agi.	Qu'il ait été écrit...

PLUS-QUE-PARFAIT.

Qu'il eût fallu.	Qu'il se fût agi.	Qu'il eût été écrit...

INFINITIF.

PRÉSENT.

Falloir.	S'agir.	Être écrit...

PASSÉ.

Avoir fallu.	S'être agi.	Avoir été écrit...

PARTICIPE.

PRÉSENT.

Fallant.	S'agissant.	Étant écrit...

PASSÉ.

Fallu.	»	»

377. CONJUGAISON DES VERBES **interrogatifs**.

Les verbes INTERROGATIFS se conjuguent comme les autres avec la différence :

1° Que le sujet se place après.
2° Qu'ils n'ont que l'indicatif et le conditionnel.

INDICATIF.

PRÉSENT.

Aimé-je ?
Aimes-tu ?
Aime-t-il ?
Aimons-nous ?
Aimez-vous ?
Aiment-ils ?

IMPARFAIT.

Aimais-je ?
Aimais-tu ?
Aimait-il ?
Aimions-nous ?
Aimiez-vous ?
Aimaient-ils ?

PASSÉ DÉFINI.

Aimai-je ?
Aimas-tu ?
Aima-t-il ?
Aimâmes-nous ?
Aimâtes-vous ?
Aimèrent-ils ?

PASSÉ INDÉFINI.

Ai-je aimé ?
As-tu aimé ?
A-t-il aimé ?
Avons-nous aimé ?
Avez-vous aimé ?
Ont-ils aimé ?

Pas de passé antérieur, ni défini, ni indéfini.

PLUS-QUE-PARFAIT.

Avais-je aimé ?
Avais-tu aimé ?
Avait-il aimé ?
Avions-nous aimé ?
Aviez-vous aimé ?
Avaient-ils aimé ?

FUTUR ABSOLU.

Aimerai-je ?
Aimeras-tu ?
Aimera-t-il ?
Aimerons-nous ?
Aimerez-vous ?
Aimeront-ils ?

FUTUR ANTÉRIEUR.

Aurai-je aimé ?
Auras-tu aimé ?
Aura-t-il aimé ?
Aurons-nous aimé ?
Aurez-vous aimé ?
Auront-ils aimé ?

CONDITIONNEL.

PRÉSENT.

Aimerais-je ?
Aimerais-tu ?
Aimerait-il ?
Aimerions-nous ?
Aimeriez-vous ?
Aimeraient-ils ?

PASSÉ.

Aurais-je aimé ?
Aurais-tu aimé ?
Aurait-il aimé ?
Aurions-nous aimé ?
Auriez-vous aimé ?
Auraient-ils aimé ?

Remarques.

378. 1° A la 1re personne du singulier, quand le verbe est terminé par *e* muet, cette voyelle se change en *é*, par euphonie, devant *je*. Exemple : *Aim*É-*je* au lieu de *aim*E-*je*.

379. 2° A la 3e personne du singulier, quand le verbe est terminé par *a* ou par *e*, on met, pour l'euphonie, un *t* entre le verbe et le sujet, si ce sujet est *il*, ou *elle*, ou *on*. Exemples : *Aima*-T-*il? aime*-T-*elle? aime*-T-*on ?*

380. 3° Lorsque, dans le verbe interrogatif, le sujet est un pronom personnel, ou le pronom *ce*, on le joint au verbe par un trait d'union. Le *t* euphonique en exige deux (-t-).

381. 4° Quand le verbe n'a qu'une syllabe à la 1re personne du singulier, comme *dors*, *pars*, *mens*, etc., on ne doit pas l'employer interrogativement à cette personne. On ne dit pas : *Dors-je? Mens-je? Sers-je?* etc. ; mais par un autre tour : *Est-ce que je dors? Est-ce que je mens? Est-ce que je sers?*

Il faut excepter : *Ai-je? Fais-je? Sais-je? Vais-je? Dois-je? Vois-je? Puis-je? Suis-je? Dis-je?*

382. En général, que le verbe soit monosyllabique ou non, il faut éviter la forme interrogative directe à la 1re pers. du singulier quand elle est dure à l'oreille, comme, par exemple, *Réponds-je? Songé-je? Finis-je?*

383. *Puissé-je* est une exclamation de désir. *Dussé-je* est un véritable conditionnel.

Modèles d'analyse, avec détails sur le verbe.

I. L'étude est le seul moyen d'acquérir des connaissances.

L'	pour *la*, art. élidé, fém., sing., déterm. *étude*.
étude	nom comm., fém., sing., sujet de *est*.
est	verbe subst., indic., prés., 3e pers. du sing., 4e conjug. (être, étant, été, je suis, je fus).
le	art. simple, masc., sing., déterm. *moyen*.
seul	adject. qualif., au posit., masc., sing., qualif. *moyen*.
moyen	nom comm., masc., sing., attrib. de *étude*.
d'	pour *de*, prépos., ayant pour compl. *acquérir*, et pour antéc. *moyen*.
acquérir	verbe transit., infin., prés., 2e conjug. (acquérir, acquérant, ac-

quis, j'acquiers, j'acquis). Il est compl. dir. de *de*, et indir. de *moyen*.

des — pour *de les*, art. contr., fém., plur., déterm. *connaissances*.

connaissances — nom comm., fém., plur., compl. dir. de *acquérir* (*).

II. L'instruction que nous aurons acquise, nous sera utile dans quelque position que nous nous trouvions.

L' — pour *la*, art. élidé, fém., sing., déterm. *instruction*.

instruction — nom comm., fém., sing., sujet de *sera*.

que — pron. relat. à *instruction*, fém., sing., 3e pers., compl. dir. de *acquise*.

nous — pron. pers., masc., plur., 1re pers., sujet de *aurons acquise*.

aurons acquise — verbe transit., indic., fut. antér., 1re pers. du plur., 2e conjug. (acquérir, acquérant, acquis, j'acquiers, j'acquis). Il est formé:
1° de *aurons*, auxil. *avoir*, au fut. de l'indic.
2° de *acquise*, part. passé qui, étant accompagné de *avoir*, s'accorde avec son compl. dir. *que*, qui le précède, fém., sing.

nous — pour *à nous*, pron. pers., masc., plur., 1re pers., compl. de *utile*.

sera — verbe subst., indic., fut. absolu, 3e pers. du sing., 4e conjug. (être, étant, été, je suis, je fus).

utile — adj. qualif., au posit., fém., sing., qualif. *instruction*.

(*) *Connaissances* est en même temps complément de la préposition *de* renfermée dans l'article *des*, ou plutôt d'un collectif partitif sous-entendu (acquérir une *somme* de connaissances). C'est une syllepse. — *Voir* plus loin.

dans	prép., ayant pour compl. *position*, et pour antécéd. *sera*.
quelque	adj. indéf., fém., sing., déterm. *position*.
position	nom comm., fém., sing., compl. dir. de *dans* et indir. de *sera*.
que	conjonct. liant *dans quelque position nous nous trouvions* à *l'instruction nous sera utile* (*).
nous	pron. pers., masc., plur., 1re pers., sujet de *trouvions*.
nous trouvions (**)	verbe pronom., subjonct. prés., 1re pers. du plur., 1re conjug. (trouver, trouvant, trouvé, je trouve, je trouvai). Il est formé : 1° de *nous*, pron. réfl., masc., pl., 1re pers., compl. dir. de *trouvions*. 2° de *trouvions*, verbe transitif.

III. Nous serons récompensés de nos peines.

Nous	pron. pers., masc., plur., sujet de *serons récompensés*.
serons récompensés	verbe passif, indic., fut. absolu, 1re pers. du plur., 1re conjug. (récompenser, récompensant, récompensé, je récompense, je récompensai). Il est formé : 1° de *serons*, auxil. *être*, au fut. de l'indic. 2° de *récompensés*, part. passé qui, étant accompagné de *être*, s'accorde avec le sujet *nous*, masc., plur.
de	prép., ayant pour compl. *peines*, et pour antécéd. *récompensés*.
nos	adject. poss., fém., plur., déterm. *peines*.

(*) La phrase du texte signifie en effet *Que nous nous trouvions dans une position quelconque, l'instruction nous sera utile.*

(**) Nous analysons ensemble le pronom et le verbe, parce qu'ils sont inséparables dans le verbe pronominal.

peines nom comm., fém., plur., compl. dir. de *de*, et indir. de *récompensés.*

CHAPITRE VII

PRÉPOSITION.

384. Il faut remarquer dans la préposition :
1° L'espèce.
2° Le complément.
3° L'antécédent.

ART. I. — ESPÈCES DE PRÉPOSITIONS.

385. Il y a des prépositions de TEMPS, comme *avant*, *pendant;* de LIEU, comme *sur*, *dans;* d'OPPOSITION, comme *malgré;* d'EXCLUSION, comme *sans*, etc. (106).

386. La préposition est quelquefois formée de plusieurs mots, comme *auprès de*, *jusqu'à*, etc. : on l'appelle alors LOCUTION PRÉPOSITIVE.

387. Le dernier mot d'une locution prépositive est une préposition.

ART. II. — COMPLÉMENT DE LA PRÉPOSITION.

388. Le complément d'une préposition est toujours un substantif suivant (*), répondant à la question *qui ?* ou *quoi ?* faite après cette préposition.

Ainsi, dans *La bonté de Dieu est infinie*, le substantif *Dieu* est complément de la préposition *de* qui précède, parce que *La bonté* DE QUI ? *de* DIEU.

Dans *Je m'applique à mes devoirs*, le substantif *devoirs* est complément de la préposition *à* qui précède, parce que *Je m'applique* A QUOI ? *à mes* DEVOIRS.

389. Le complément de la préposition est quelquefois indirect; c'est quand il y a deux prépositions de suite. Exemples : *Je passerai par* CHEZ VOUS. — *Marchez de* PAR LE ROI.

(*) Nom, pronom, enfin toute expression substantive.

390. La préposition sans complément n'est plus une préposition. Exemples : *Il marchait* DEVANT. — *Je suis* POUR *et lui* CONTRE, etc.

ART. III. — ANTÉCÉDENT DE LA PRÉPOSITION.

391. L'antécédent d'une préposition est un mot précédent avec lequel un substantif est mis en rapport par cette préposition. Exemples : *La* BONTÉ *de Dieu est infinie.* — *Je m'*APPLIQUE *à mes devoirs.* — *Je* PARTIRAI *bientôt pour l'Angleterre.* — *Il est* AVIDE *de connaissances*, etc.

CHAPITRE VIII

ADVERBE.

392. Il faut remarquer dans l'adverbe :
1° L'espèce.
2° Ce qu'il modifie.

ESPÈCES D'ADVERBES.

393. Il y a des adverbes de TEMPS, comme *alors*, *déjà*, *bientôt;* de LIEU, comme *ici*, *là*, *dedans;* de QUANTITÉ, comme *plus*, *moins*, *autant;* de MANIÈRE, de COMPARAISON, etc. (107).

394. Quelquefois l'adverbe est formé de plusieurs mots, comme *sans cesse* (incessamment), *au plus tôt*, *pour le moins*, etc. : on l'appelle alors LOCUTION ADVERBIALE.

395. Le dernier mot d'une locution adverbiale est un substantif, ou un adverbe employé substantivement. Exemples : *Avec* FORCE, *par* CONTRAINTE, *au* MIEUX, etc.

396. Quant au mot que l'adverbe modifie, c'est toujours, ou un verbe, ou un adjectif, ou un autre adverbe, jamais un substantif (89). Exemples : *Travaillons* RÉSOLUMENT *avec la volonté* BIEN *arrêtée d'arriver* LE PLUS TOT *possible à nous suffire.*

Résolûment se rapporte à *travaillons; bien* à *arrêtée ; le plus tôt* à *arriver.*

CHAPITRE IX

CONJONCTION.

397. Il faut remarquer dans la conjonction;
1° L'espèce,
2° Quelles parties de phrase elle joint.

ESPÈCES DE CONJONCTIONS.

398. Il y a deux espèces générales de conjonctions : la conjonction *copulative* et la conjonction *complétive.*

399. La conjonction COPULATIVE sert à lier des parties distinctes, indépendantes entre elles, comme *et* quand on dit : *Pierre* ET *Paul jouent. — Fuyons le vice* ET *recherchons la vertu. — Il faut que je reste* ET *que tu partes.*

400. Les conjonctions copulatives sont *et*, *ou*, *ni*, *mais*, *or*, *car* (108), et les adverbes conjonctifs *ainsi*, *donc*, *ensuite*, etc. (98).

401. La conjonction COMPLÉTIVE sert à lier à une partie de phrase une autre qui en dépend, comme *lorsque* quand on dit : *Je partirai* LORSQUE *j'aurai fini.*

402. Les conjonctions complétives sont *que*, *lorsque*, *puisque*, *quoique*, *quand*, *comme*, *si* (108), et les adverbes conjonctifs renfermant l'adjectif *quel* , comme *où* (en quel lieu), *comment* (de quelle manière), *combien* (en quelle quantité), *pourquoi* (pour quelle raison), etc. (222).

403. Ces adverbes sont de véritables conjonctions complétives quand ils ne sont pas interrogatifs. Exemples : *J'ignore* OU *il est. — Qui peut savoir* COMMENT *nous nous en tirerons?*

404. Souvent la conjonction est formée de plus d'un mot : c'est alors une LOCUTION CONJONCTIVE. Exemples : *Avant que*, *sans que*, *depuis que*, etc.

405. Quant aux parties de phrase que lie la conjonction, ce sont toujours :

1° Ou bien deux propositions. Exemples : *Le juste*

fait le bien ET *évite le mal.* — *Il ne craint que Dieu* ET *n'espère qu'en lui.*

2° Ou bien deux parties semblables de proposition. Exemples : *Vous* ET *lui partirez.* — *Dieu est bon* ET *juste.*

3° Ou enfin une proposition entière et une partie de proposition. Exemples : *Quelque part* QU'*il soit.* — *Certains* QUE *nous sommes.*

(*)

CHAPITRE X

INTERJECTION.

406. L'interjection marque ou la JOIE, ou la DOULEUR, ou l'ADMIRATION, ou l'AVERSION, etc.

407. Il y a aussi des locutions interjectives : *Juste ciel! eh bien! çà donc!* etc.

408. Les interjections peuvent être employées substantivement. Exemple : *Il poussait des* HÉLAS *lamentables.*

409. Au reste, les conjonctions, les adverbes, les prépositions, les propositions même peuvent aussi servir de substantifs. Exemples : *Les* SI, *les* MAIS, *les* CAR, *les* POURQUOI, *le* POUR, *le* CONTRE, *les* ON DIT, *les* QU'EN DIRA-T-ON, *un* VENEZ-Y-VOIR, etc.

410. RÉSUMÉ SYNOPTIQUE.

Guide d'analyse grammaticale.

NOM.

ESPÈCES — propre,
— commun,
— composé,
— collectif,
— général,
— partitif,
— abstrait,
— verbal,
— employé adjectivement.

GENRE — masculin,
— féminin.

NOMBRE — singulier,
— pluriel.

FONCTION — sujet,
— complément,
— direct,
— indirect,
— attribut.

ARTICLE.

ESPÈCES — simple,
— contracté,
— élidé.

(*) Il y a alors ellipse d'un ou de plusieurs mots.

PRONOM.

ESPÈCES — personnel,
— relatif,
— personnel,
— réfléchi,
— conjonctif,
— possessif,
— démonstratif,
— employé adjectivement.

GENRE / NOMBRE / PERSONNE } règles d'accord.

FONCTION { sujet, complément, attribut.

ADJECTIF.

ESPÈCES — qualificatif,
— déterminatif,
— possessif,
— démonstratif,
— numéral,
— cardinal,
— ordinal,
— nom de nomb.
— indéfini,
— verbal,
— employé substant.,
— adverbialement.

DEGRÉS — positif,
— comparatif,
— de supériorité,
— d'infériorité,
— d'égalité,
— superlatif,
— relatif,
— absolu.

GENRE / NOMBRE { règles d'accord.

VERBE.

ESPÈCES — substantif,
— attributif,
— actif,
— transitif,
— intransitif,
— passif,
— auxiliaire,
— pronominal,
— réciproque,
— réfléchi,
— unipersonnel,
— essentiel,
— accidentel,

MODES — indicatif,
— conditionnel,
— impératif,
— subjonctif,
— infinitif,
— participe.

TEMPS — présent,
— passé,
— imparfait,
— défini,
— indéfini,
— antérieur,
— défini,
— indéfini,
— plus-que-parf.
— futur,
— absolu,
— antérieur.

PERSONNE / NOMBRE { règles d'accord.

CONJUGAISON 1re, 2e, 3e, 4e.

PRÉPOSITION.

ESPÈCES — *de temps, de lieu,* etc.
— locutions prépositives.

COMPLÉMENT.

ANTÉCÉDENT.

ADVERBE.

ESPÈCES — *de temps, de lieu,* etc.

CE QU'IL MODIFIE dans la proposition.

CONJONCTION.

ESPÈCES — copulative,
— complétive,
— adverbes conjonctifs,
— locutions conjonctives,

CE QU'ELLE LIE dans la phrase.

INTERJECTION.

ESPÈCES — *de joie, de douleur, de surprise,* etc.,
— locutions interjectives.

411. **Modèles d'analyse grammaticale.**

I. Dieu nous a mis sur la terre afin que nous pratiquions la vertu.

Dieu	nom propre, masc., sing., sujet de *a mis.*
nous	pron. pers., masc., plur., 1re pers., compl. dir. de *a mis.*
a mis	verbe transit., indic., passé indéf., 3e pers. du sing., 4e conjug. Il est formé : 1° de *a* auxiliaire *avoir*, au prés. de l'indic. 2° de *mis*, partic. passé, qui, étant accompagné de l'auxil. *avoir*, s'accorde avec son compl. dir. *nous*, qui le précède, masc., plur.
sur	prép. de lieu, ayant pour compl. *terre*, et pour antéc. *a mis.*
la	art. simple, fém., sing., déterm. *terre.*
terre	nom comm., fém., sing., compl. dir. de *sur*, et indir. de *a mis.*
afin que	loc. conjonct., joignant la prop. *nous pratiquions la vertu* à la précédente *Dieu nous a mis sur la terre.* Elle est formée : 1° de *afin*, expression adverbiale, modif. *a mis.* 2° de *que*, conjonc. complétive.
nous	pron. pers., masc., plur., 1re pers., sujet de *pratiquions.*
pratiquions	verbe trans., subj., prés., 1re pers. du plur., 1re conjug.
la	art. simple, fém., sing., déterm. *vertu.*
vertu	nom comm., fém., sing., compl. dir. de *pratiquions.*

II. Le plus doux plaisir est sans contredit celui que procure une bonne action.

Le plus doux	adject. qualif., au superl. relat., masc., sing., qualif. *plaisir*. Il est formé : 1° de *le*, art. simple, masc., sing., déterm. *plaisir*. 2° de *plus*, adv. de supér., modif. *doux*. 3° de *doux*, adj. au positif.
plaisir	nom comm., masc., sing., sujet de *est*.
est	verbe subst., indic., prés., 3e pers. du sing., 4e conjug.
sans contredit	locut. adv., modif. *est*. Elle est formée : 1° de *sans*, prép., ayant pour compl. *contredit*, et pour antéc. *est*. 2° de *contredit*, nom comm., masc., sing., compl. dir. de *sans*, et indir. de *est*.
celui	pron. démonstr., masc., sing., 3e pers., attrib. de *plaisir*.
que	pron. relat. à *celui*, masc., sing., 3e pers., compl. dir. de *procure*.
procure	verbe transit., indic., prés., 3e pers. du sing., 1re conjug.
une	adj. indéf., fém., sing., détermin. *action*.
bonne	adj. qualif., au posit., fém., sing., qualif. *action*.
action	nom comm., fém., sing., sujet de *procure*.

111. L'homme de bien mettra toujours la vertu au-dessus de la richesse et des plaisirs.

L'	pour *le*, art. élidé, masc., sing., déterm. *homme*.
homme	nom comm., masc., sing., sujet de *mettra*.
de	prép., ayant pour compl. *bien*, et pour antéc. *homme*.
bien	nom comm., masc., sing., compl. dir. de *de*, et indir. de *homme*.

mettra	verbe transit., indic., fut. absolu, 3e pers. du sing., 4e conjug.
toujours	adv. de temps, modif. *mettra.*
la	art. simple, fém., sing., déterm. *vertu.*
vertu	nom comm., fém., sing., compl. dir. de *mettra.*
au-dessus de	locut. prépos., ayant pour compl. *richesse*, et pour antéc. *mettra.* Elle est formée : 1o de *au* pour *à le*, art. contr., déterm. *dessus.* 2o de *dessus*, adv. de lieu pris substantiv., formant avec *au* un adverbe composé, qui modifie *mettra.* 3o de *de*, prép., ayant pour compl. *richesse*, et pour antéc. *au-dessus*
la	art. simple, fém., sing., déterm. *richesse.*
richesse	nom comm., fém., sing., compl. dir. de *au-dessus de*, et indir. de *mettra.*
et	conjonct. copulat., joignant *plaisirs* à *richesse.*
des	pour *de les*, art. contr., masc., plur., déterm. *plaisirs.*
plaisirs	nom comm., masc., plur., compl. dir. de *au-dessus de*, et indir. de *mettra.*

DEUXIÈME PARTIE

Règles particulières d'orthographe.

QUELQUES RÈGLES PRATIQUES.

412. MAJUSCULES. On commence par une grande lettre ou majuscule :

1° Une phrase.
2° Un vers.
3° Des paroles directes citées (*).
4° Un nom propre.
5° Tout mot employé comme nom propre.

413. MARGE. C'est un espace laissé en blanc A GAUCHE de la page où l'on écrit. Elle sert :

1° Pour l'ordre et le coup d'œil.
2° Pour des notes et observations.

414. LIGNE. Jamais une ligne ne doit commencer par un trait d'union, ni finir par une apostrophe.

La ligne se termine par un trait d'union quand il reste une ou plusieurs syllabes d'un mot à porter, faute d'espace, à la ligne suivante.

La première ligne d'un sujet, ou d'une division ou subdivision de sujet s'écrit A LA LIGNE, c'est-à-dire, un peu plus à droite que les suivantes ; et commence ce que l'on appelle un ALINÉA.

Les vers de longueur inégale commencent d'autant plus à droite qu'ils sont plus courts.

415. ABRÉVIATIONS. L'abréviation doit contenir assez de lettres pour être parfaitement intelligible ; et elle se termine par un point. Elle ne doit s'arrêter qu'à la voyelle d'une syllabe suivante exclusivement.

416. CHIFFRES. Dans le discours ordinaire, on n'écrit les nombres en chiffres que lorsque ce sont des

---

(*) C'est-à-dire, les paroles mêmes, telles qu'elles ont été prononcées. Exemple : *Saint Jean disait :* AIMEZ-VOUS LES UNS LES AUTRES.

dates; les autres quantités s'écrivent en toutes lettres.

Les chiffres romains ne sont guère employés que pour la succession généalogique des personnes, ou synthétique d'un livre, d'un chapitre, etc.

1er signifie *premier*, 1re *première*, 2e *second* ou *deuxième*, 3e troisième, 4e, etc., à l'infini.

1° veut dire *premièrement*, 2° *secondement* ou *deuxièmement*, 3°, 4°, etc., à l'infini.

CHAPITRE I

ORTHOGRAPHE DES MOTS.

417. Avant de subir les lois de la grammaire pour le genre, le nombre et la personne, les mots sont assujettis à d'autres règles, celles mêmes des sons.

418. Or, les sons se représentent par des caractères souvent très-divers :

É, È par *é*, *ê*, *ai*, *ei*, *æ*.
I par *i*, *y*.
O par *o*, *au*, *eau*.
U par *u*, *eu*.
EU par *eu*, *œu*.
AN par *an*, *am*, *en*, *em*.
IN par *in*, *im*, *ain*, *aim*, *ein*, *eim*, *yn*, *ym*.
ON, par *on*, *om*.
UN par *un*, *um*, *eun*.

Et pour les consonnes,

C dur par *c*, *ch*, *q*, *qu*, *k*.
D par *d*, *dh*.
F par *f*, *ph*.
G dur par *g*, *gu*.
G doux par *g*, *j*.
R par *r*, *rh*.
S par *s*, *c* doux, *ss*, *sc*, *t*.
T par *t*, *th*.
V par *v*, *w*.

419. Les voyelles sont aussi très-souvent modifiées par des consonnes, soit initiales, soit finales,

comme *ha, ah, as, at*, etc.; *hé, eh, ès, et*, etc.; *hi, is, it, ix*, etc., etc.

420. De plus, souvent les consonnes se redoublent, comme dans *abbé, accord, addition, affligé, agglomération, allez*, etc.

421. Ces manières d'écrire ont donné lieu à trois règles générales : la *prononciation*, la *dérivation* et l'*usage*.

PRONONCIATION.

422. La PRONONCIATION consiste, comme règle d'orthographe, à écrire, à mesure qu'elles se présentent, les lettres prononcées.

Ainsi, dans le mot *bras*, les lettres prononcées sont BRA; dans *couvert*, COUVER; dans *soumis*, SOUMI; dans *transport*, TRANSPOR; dans *tribut*, TRIBU, etc.

Pour le son o des mots *bateau*, *chevaux*, *il faut*, on aura à choisir entre *o*, *au*, *eau;* pour le son IN de *faim*, entre *in*, *ein*, *ain*, *aim;* pour le son È de l'adjectif *clair*, entre *e*, *è*, *ei*, *ai*, etc.; pour le son EU de *œuvre*, *manœuvre*, entre *eu*, *œu*, etc., etc.

C'est l'analogie ou la dérivation qui décide; quelquefois, c'est le simple usage.

DÉRIVATION.

423. La DÉRIVATION consiste à prendre, dans un mot analogue à celui qu'on écrit, toutes les lettres que la prononciation permet d'y prendre.

Ainsi aux lettres prononcées *bra*, du mot *bras*, on ajoute s du mot *brasse;* à *couver*, du mot *couvert*, on ajoute T du féminin *couverte;* à *soumi*, s du féminin *soumise;* à *transpor*, T du mot *transporter;* à *tribu*, T de *tributaire*, etc. Pour *bateau*, on écrit EAU à cause de *e* qui suit *t* dans *batelier;* pour *chevaux*, AU à cause de *a* du singulier *cheval;* pour *il faut*, AU aussi à cause de *a* de l'infinitif *falloir;* pour *faim*, AIM à cause de *a* et de *m* du mot *affamé;* pour les mots *clair*, *éclair*, AI à cause de *a* qui est dans *clarté;* enfin pour *œuvre*, *manœuvre*, ŒU à cause de *o* qui commence le mot *ouvrage*, etc., etc.

424. En général, les lettres dérivées se prennent dans le mot analogue le plus court.

425. Pour les mots soumis au genre, c'est dans le féminin, quand il y en a un. Exemple : *VerT* (*t* du féminin *verte*, et non *d* de *verdure*), *apprenti* et non *apprentis* (malgré *s* de *apprentissage*), parce que le féminin est *apprentie* (*).

426. Pour le verbe, c'est dans l'infinitif. Exemples : *Je crÉe* (créer), *j'essAye* (essayer), *je connAis* (connaître), *je prévAux* (prévaloir), *je réponDs* (répondre), *je contrAignis* (contraindre), *je fEins* (feindre), *je romPs* (rompre), etc.

USAGE.

427. L'USAGE consiste dans l'emploi de lettres dont on ne peut donner la raison, faute d'une connaissance suffisante soit du français, soit des langues d'où il dérive. Exemples : *Lilas*, *canevas*, *consulaT*, *mauvAis*, *lAid*, *acabiT*, *troP*, *lutH*, *anchois*, etc.

CHAPITRE II

NOM.

NOM PROPRE.

428. Le nom propre prend toujours une grande initiale. Exemples : *Paul*, *Paris*, *Alpes*, etc., lors même qu'il est employé comme nom commun. Exemples : *Il y a plus d'*ALEXANDRES *que de* TITUS.

429. Le nom propre est invariable. Exemples : *Les* FÉNELON, *les* BOSSUET *ont illustré le siècle de Louis VIV.*

Excepté lorsqu'il est employé comme nom commun ; alors, il peut recevoir la marque du pluriel. Exemple : *La France a eu ses* CÉSARS.

NOM COMMUN.

430. Le nom commun commence par une petite lettre, excepté lorsqu'il est employé comme nom

(*) Cette règle peut fournir un moyen de justifier l'orthographe des participes *nui*, *lui*, *joui*, *reçu*, etc., qui s'écrivent sans consonne finale au masculin singulier : les uns, parce qu'ils manquent du féminin même, comme *nui*, *lui*; les autres, parce que leur féminin n'a pas de consonne avant *e* final, comme *reçue*.

propre, comme aussi au commencement, d'une phrase, etc. (412). Exemples : *Répondez*, CIEUX *et* MERS, *et vous*, TERRE, *parlez*.

NOM COMPOSÉ.

431. Le nom composé ne présente d'autre difficulté que celle du nombre. Auquel des mots qui le composent faut-il donner la marque du pluriel?

432. RÈGLE GÉNÉRALE. Dans le nom composé, on ne donne la marque du pluriel qu'aux mots réellement pluriels; le verbe personnel s'écrit à la 3e personne du singulier (*), excepté l'impératif qui n'en a pas; enfin, les membres du nom composé se joignent par le trait d'union, excepté où il y a l'apostrophe. Exemples : *Un cerf-volant, des* CERFS-VOLANTS. — *Un arc-en-ciel, des* ARCS-*en-ciel*. — *Un couvre*-PIEDS, *des couvre*-PIEDS. — *Un serre-tête, des serre-tête*. — *Un rendez-vous, des rendez-vous*. — *Un chef-d'œuvre, des* CHEFS-*d'œuvre*, etc.

433. RÈGLES PARTICULIÈRES. Il en existe quatre, selon les mots dont est formé le nom composé.

I. Quand le nom composé est formé de deux noms, comme *chou-fleur*, ou d'un nom et d'un adjectif, comme *cerf-volant*, les deux mots reçoivent la marque du pluriel. Exemples : *Un chou-fleur, des* CHOUX-FLEURS. — *Un cerf-volant, des* CERFS-VOLANTS.

II. Quand le nom composé est formé de deux noms joints par une préposition, comme *arc-en-ciel*, le premier seulement prend la marque du pluriel. Exemples : *Un arc-en-ciel, des* ARCS-*en-ciel*. — *Un fer-à-cheval, des* FERS-*à-cheval*, etc. (**).

(*) La raison qui fait que le verbe personnel dans un nom composé s'écrit à la 3e personne du singulier, c'est qu'il n'a pas de sujet. Pourquoi, en effet, un verbe est-il à la 1re ou à la 2e personne? Parce que son sujet est de la 1re ou de la 2e personne. A quelle personne donc peut se mettre un verbe qui n'a pas de sujet et qui, cependant, est personnel ? Nécessairement à la 3e. Pareillement, pourquoi un verbe personnel est-il pluriel ? Parce que son sujet est pluriel. Donc, il doit être au singulier s'il n'a pas de sujet.

Tout comme l'adjectif qui ne se rapporte à aucun substantif, est masculin singulier.

(**) C'est l'application de la règle générale. En effet, quand on dit des *arcs-en-ciel*, des *fers-à-cheval*, etc., c'est *arcs* et *fers* qui mar-

III. Quand le nom composé est formé d'un verbe personnel et d'un nom, comme *serre-tête*, le verbe s'écrit à la 3e personne du singulier, à moins qu'il ne soit à l'impératif, et le nom ne s'écrit au pluriel que lorsqu'il marque évidemment pluralité. Exemples : *Un serre-tête*, *des serre-tête*. — *Un essuie*-MAINS, *des essuie*-MAINS.

IV. Quand le nom composé est formé d'un mot invariable et d'un nom, comme *sous-lieutenant*, le nom s'écrit au singulier ou au pluriel selon le sens. Exemples : *Un sous-lieutenant*, *des sous*-LIEUTENANTS. — *Un contre-vent*, *des contre-vent*.

Aux règles particulières, beaucoup d'exceptions; à la règle générale, aucune. Car

Un *hôtel-Dieu* (1re règle) est un *hôtel* de Dieu.

Des *hôtels-Dieu* sont des *hôtels* de Dieu.

Un *terre-plein* (1re règle) est un lieu *plein* de terre.

Des *terre-pleins* sont des lieux *pleins* de terre.

Un *blanc-seing* (1re règle) est un *seing* en blanc.

Des *blanc-seings* sont des *seings* en blanc.

Un *cent-Suisses* est un soldat des *cent-Suisses*.

Des *cent-Suisses* sont des soldats des *cent-Suisses*.

Un *gardes-françaises* est un soldat des *gardes-françaises*.

Des *gardes-françaises* sont des soldats des *gardes-françaises*.

Un *tête-à-tête* (2e règle) est une entrevue où il y a une *tête* vis-à-vis d'une autre *tête*.

Des *tête-à-tête* sont des entrevues où il n'y a toujours qu'une *tête* vis-à-vis d'une autre *tête*.

Un *serre-tête* (3e règle) est un bonnet pour la *tête*.

Des *serre-tête* sont des bonnets pour la *tête* (*).

---

quent pluralité, car il y a plusieurs *arcs*, plusieurs *fers*, et un seul *ciel*, un seul *cheval*, ces expressions voulant dire des *arcs dans le ciel*, des *fers pour le cheval*.

(*) Faut-il écrire, comme quelques-uns le veulent, des *gardes-malades*, ou des *gardes-malade*, ou des *garde-malade?*

Si l'on veut y réfléchir, bien certainement on reconnaîtra que c'est des *garde-malade* que l'on doit écrire. En effet, le mot *garde* n'est point ici un substantif, mais un verbe, un verbe transitif, ayant pour complément direct *malade*, aussi bien et pour la même cause que *pique* dans *pique-assiette*, que *pince* dans *pince-maille*, que *taille*

NOM COLLECTIF.

434. Quand le nom collectif est général (124), c'est à lui que se rapportent les divers corrélatifs.

435. On appelle corrélatifs les mots qui se rapportent à d'autres. Les corrélatifs du nom sont ici l'adjectif, le pronom et le verbe.

Ainsi, le verbe *est* et le participe *vouée* se rapportent à *foule* quand on dit : *La foule des humains est vouée au malheur*, parce que ce collectif est général.

436. Quand le collectif est partitif (125), ce n'est pas à lui, mais au substantif suivant que les corrélatifs se rapportent.

---

dans *taille-plume*, sont des verbes transitifs, ayant pour compléments directs *assiette*, *maille*, *plume*.

. En admettant que *garde* fût un substantif, on serait forcé de considérer *malade* comme un adjectif, pour la même raison que *champêtre*, *forestier*, *royale*, etc., dans *garde-champêtre*, *garde-forestier*, *garde-royale*, etc.

D'ailleurs, ce nom composé est bien formé d'après le même principe que tous ceux qui commencent par un verbe : les *garde-malade* sont bien des personnes qui gardent les malades ; comme les *pique-assiette* sont des gens qui piquent l'assiette ; comme les *perce-neige* sont des fleurs qui percent la neige, etc., et, enfin, comme les *garde-feu* sont des objets qui gardent (qui retiennent) le feu.

Et ce que nous disons de *garde-malade*, s'applique, pour les mêmes raisons, à *garde-côte*, *garde-magasin*, *garde-chasse*, *garde-fou*, *garde-feu*, etc.

Voilà pour le mot *garde*.

Si, comme nous croyons l'avoir démontré, *garde* est un verbe, *malade* est un substantif, complément direct de ce verbe. Or, un substantif complément, dans une expression composée, est employé comme indéfini, de sorte qu'au singulier il a autant d'extension qu'au pluriel; car c'est le propre du nom indéfini, même en dehors du substantif composé, de n'admettre aucune exception, comme dans *eau de* FONTAINE (fontaine quelconque), *chapeau d'*HOMME (homme quel qu'il soit). C'est pourquoi l'on doit écrire des *chefs-d'*ŒUVRE, des *fers-à-*CHEVAL, des *pique-*ASSIETTE, des *passe-*PORT, des *garde-*COTE, des *garde-*MALADE, etc.

Excepté lorsque le substantif est évidemment pluriel, comme dans *essuie-*MAINS, *couvre-*PIEDS, etc. Mais, dans ce cas, le substantif se met au pluriel lors même que le nom composé est au singulier : *Un essuie-*MAINS, *un couvre-*PIEDS.

Ainsi, la règle générale toujours. Et l'on n'écrira plus *des réveils-matin*, mais *des réveille-matin*; ni *un entr'acte*, mais *un entr'actes*; ni *des contre-vents*, mais *des contre-vent* (ou mieux encore des *contrevents* en un seul mot, comme l'usage commence à s'en introduire); ni tant d'autres barbarismes et contre-sens à propos des noms composés.

Ainsi, le verbe *s'égarent* se rapporte au substantif *hommes* et non au collectif *foule* quand on dit : *Une foule d'hommes s'égarent à la recherche du bonheur*, parce que le collectif *foule* est partitif.

437. En général, le collectif partitif n'est rien par lui-même ; c'est son complément, le substantif suivant, qui est pour lui sujet, complément ou attribut (*).

NOMS A DEUX GENRES.

438. Il y a des noms qui sont tantôt masculins, tantôt féminins. Les principaux sont *aigle*, *ange*, *amour*, *automne*, *couple*, *délice*, *élève*, *enfant*, *esclave*, *exemple*, *foudre*, *gens*, *hymne*, *orgue*.

439. AMOUR, DÉLICE, ORGUE. Ces trois noms sont masculins au singulier, et féminins au pluriel. Exemples : UN *amour* CONSTANT ; *de* CONSTANTES *amours*. — *C'est* UN *délice ; ce sont mes plus* CHÈRES *délices*. — *Voilà* UN BEL *orgue ; voilà de* BELLES *orgues*.

Le nom *amour* est toujours masculin, même au pluriel, quand il représente des êtres mythologiques. Exemple : *Une troupe de* PETITS *amours voltigeaient autour d'elle*.

440. AIGLE est masculin quand il représente l'oiseau qui porte ce nom, ou un personnage supérieur. Exemples : *L'aigle est* HARDI. — *Bossuet est* UN *aigle pour l'éloquence*.

Ce nom est féminin quand il est pris pour enseigne. Exemple : *L'aigle* ROMAINE *a parcouru le monde*.

441. AUTOMNE peut être masculin. Exemple : UN BEL *automne*. Il est plus généralement féminin, comme les autres noms de saison.

442. COUPLE, quand il veut dire simplement *deux* est féminin. Exemple : UNE *couple d'œufs*, *de poulets* (deux œufs, deux poulets). Il est masculin quand il signifie *association de deux*. Exemples : *Ils formaient* UN *couple bien* ASSORTI. — *Approchez, leur dit-il, couple lâche et* RUSÉ.

443. ÉLÈVE, ENFANT, ANGE, ESCLAVE. Ces mots sont masculins ou féminins selon le sexe des personnes.

(*) C'est une syllepse. *Voir plus loin*.

444. EXEMPLE d'écriture est féminin. Pris dans tout autre sens, il est masculin.

445. FOUDRE employé au propre, c'est-àdire, pour la foudre même, est féminin. Exemple : LA *foudre éclate et tombe.* Il est masculin au figuré. Exemples : *C'était* UN *foudre de guerre.* — CE *foudre contient vingt hectolitres.*

Accompagné d'un adjectif qualificatif, il est masculin ou féminin au propre. Exemple : *Le foudre* VENGEUR ou *la foudre* VENGERESSE.

446. GENS est en général masculin. Exemples : TOUS *les gens* QUERELLEURS.

Il faut excepter les adjectifs imparisyllabiques (ayant plus de syllabes au féminin qu'au masculin) qui, par euphonie, se mettent au féminin, quand ils sont immédiatement devant *gens.* Exemples : *Ce sont de* BONNES *gens, de bien* CHARMANTES *gens.* — *Ce sont* TOUTES *gens que je connais.* — QUELLES *gens !* etc.

Devant ces sortes d'adjectifs, aussi par euphonie, les déterminatifs *tout, certain, quel, maint*, etc., se mettent aussi au féminin, avant le mot *gens.* Exemples : QUELLES *bonnes gens!* — MAINTES *dévotes gens.* — TOUTES *les vieilles gens.*

447. HYMNE d'église est féminin. Hors de là, il est masculin. Exemples : *Hymne* GUERRIER, *hymne* NATIONAL, etc. (*).

NOMS TIRÉS DES LANGUES ÉTRANGÈRES.

447 (*bis*). Les noms tirés des langues étrangères comme *opéra, errata, te Deum*, etc., ne prennent la marque du pluriel que lorsqu'ils ont été francisés, c'est-à-dire, rendus complètement français par l'usage, comme *opéra, numéro, zéro*, etc. Les autres sont invariables.

CHAPITRE III

PRONOM.

Règles particulières (198-208).

(*) Pour les autres noms à deux genres, *voir* la liste.

CHAPITRE IV

ADJECTIF.

Règles particulières d'accord (245-249).

ORTHOGRAPHE DE CERTAINS ADJECTIFS.

Adjectifs qualificatifs.

448. Quand un adjectif est composé de deux adjectifs, tous les deux sont invariables. Exemple : *Elle a les cheveux* CHATAIN-CLAIR (d'un châtain clair).

Dans ce cas, le premier adjectif est un véritable substantif, masculin, singulier, auquel le second se rapporte.

449. L'adjectif NU est invariable avant le nom, comme employé adverbialement, et forme avec ce nom un mot composé. Exemple : *Il va* NU-*pieds.*

Cela n'a guère lieu qu'avant les mots *pied* et *tête.*

Il varie après le nom, comme dans *Il va pieds* NUS, parce qu'il est alors véritablement adjectif.

450. Le mot DEMI, présenté à tort comme adjectif, suit la règle précédente. Il est invariable avant le nom, variable après. Exemples : *Une* DEMI-*heure.* — *Une heure et* DEMIE. — *Deux livres et* DEMIE. — *Deux kilogrammes et* DEMI.

Quand *demi* est invariable, c'est un adverbe; lorsqu'il varie, c'est un substantif : *Un demi, une demie ; des demis, des demies* (suivant le genre de l'unité et le nombre des parties d'unité).

451. FEU signifiant *défunt* est un adjectif qui ne varie que lorsqu'il précède immédiatement le nom. Exemples : *La* FEUE *reine.* — FEU *la reine.*

Ce mot n'est guère employé aujourd'hui qu'au barreau.

Adjectifs possessifs et démonstratifs.

452. On emploie MON, TON, SON au masculin, au lieu du féminin MA, TA, SA, devant un mot féminin singulier commençant par une voyelle ou par *h* muet.

Exemples : *Mon âme* au lieu de *ma âme.* — *Son histoire* au lieu de *sa histoire* (*).

453. L'adjectif démonstratif masculin, singulier, CE s'écrit *cet* par euphonie devant un mot masculin, singulier, commençant par une voyelle ou par *h* muet. Exemples : *Cet été* au lieu de *ce été.* — *Cet hiver* au lieu de *ce hiver.*

454. SES est un adjectif possessif, CES un adjectif démonstratif. Le moyen de les distinguer consiste à les mettre au singulier. Exemples : *Il a perdu tous* SES *biens* (il a perdu tout *son* bien). — CES *hommes se trompent* (*cet* homme se trompe).

455. L'adjectif possessif *leur*, invariable quant au genre, s'écrit *leurs* devant un substantif pluriel. Or, le substantif qui suit *leur*, est pluriel :

1° Lorsque les objets possédés appartiennent individuellement aux possesseurs. Exemples : *Ils ont pris* LEURS *parts.* — *Ils ont juré sur* LEURS *épées.* — *Le Nil et le Rhône ont* LEURS *embouchures dans la Méditerranée.*

Si les mots *parts*, *épées*, *embouchures* étaient au singulier dans ces exemples, il n'y aurait pour les possesseurs qu'une part, qu'une épée, qu'une embouchure, au lieu que chacun a la sienne.

2° Lorsque le substantif n'a pas de pluriel, ou qu'au singulier il n'aurait pas le même sens. Exemples : *Les anciens déployaient une grande pompe dans* LEURS *funérailles.* — *Nous avons été charmés de* LEURS *attentions.*

456. Mais le substantif est singulier après *leur* quand il a une signification commune et générale. Exemples : *Ils ont perdu* LEUR *temps et* LEUR *peine.*

Le mot *peines*, au pluriel, voudrait dire des peines particulières, et non de la peine en général.

457. Les adjectifs possessifs *notre*, *votre* ont au pluriel *nos*, *vos*, et ne prennent pas l'accent circonflexe. Devenus pronoms, ils prennent l'accent, et leur pluriel est *nôtres*, *vôtres* (le nôtre, la nôtre, les nôtres ; le vôtre, la vôtre, les vôtres).

(*) C'est une euphonie.

Adjectifs numéraux.

458. Les adjectifs numéraux cardinaux sont invariables, excepté *un*, *vingt*, *cent*, *mille*, *million*, *billion*, etc.

459. UN a au féminin *une*.

Il ne faut pas confondre avec cet adjectif numéral les pronoms indéfinis *l'un*, *l'une ; les uns*, *les unes ; quelqu'un*, *quelqu'une ; quelques-uns*, *quelques-unes*.

460. VINGT et CENT, quand ils sont au pluriel, c'est-à-dire, multipliés, prennent la marque du pluriel, pourvu qu'ils ne soient pas immédiatement suivis d'un autre adjectif numéral. Exemples : *Je lui dois* VINGT *francs. — Ils n'étaient que* CENT *hommes. — Je lui dois quatre-*VINGTS *francs. — Ils n'étaient que quatre* CENTS *hommes. — Je lui dois quatre-*VINGT*-cinq francs. — Ils n'étaient que quatre* CENT *vingt hommes.*

461. *Vingt* et *cent* sont toujours invariables quand ils sont ordinaux, par la raison qu'ils sont toujours au singulier. Exemples : *L'an huit* CENT (l'an huit centième). — *L'an huit cent quatre-*VINGT (l'an huit cent quatre-vingtième).

462. MILLE est toujours invariable quand il est numéral. Lorsqu'il désigne une mesure itinéraire (une longueur de chemin), c'est un nom commun variable. Exemple : *Il y a quatre* MILLES *d'ici jusque chez nous.*

463. Dans les noms d'époque, *mille* est ordinal. Il s'écrit :

1° *Mille* quand il termine la quantité, et quand la date n'appartient pas à l'ère chrétienne. Exemples : *L'an* MILLE *du monde. — L'an* MILLE *de Jésus-Christ. — L'an* MILLE *quarante de Rome.*

2° *Mil* dans les autres cas. Exemple : *L'an* MIL *six cent.*

MILLION, BILLION, TRILLION, etc., sont des noms de nombre, de véritables substantifs collectifs, variables : *Un billion*, *deux billions*, *des millions*, etc.

C'est comme *des centaines*, *des milliers*, *des milliards*, etc.

464. Les quantités s'écrivent en lettres, excepté :

1° Les noms de date, que l'on écrit en chiffres

arabes; encore les faut-il en lettres dans les actes authentiques, tels que billets de commerce, conventions, etc.

2° Les adjectifs ordinaux, qui, dans les sujets didactiques, c'est-à-dire, quand il s'agit d'enseignement, s'écrivent quelquefois en abrégé (1er, 1re, 2e, 3e, etc.,) ainsi que les adverbes qui en sont formés (1°, 2°, 3°, 4°, etc.,).

465. Les adjectifs ordinaux s'écrivent en chiffres romains quand ils marquent succession généalogique, comme quand on dit : Louis I, Louis II, Charles IV, etc., ou qu'ils indiquent la distribution des parties d'un ouvrage : Ch. I, ch. II, art. I, art. II, § VIII, etc.

466. On met un trait d'union entre deux adjectifs numéraux qui forment une expression composée par la suppression de la conjonction *et*. Exemples : *dix-huit*, *vingt-cinq* , *quarante-neuf* , *soixante-dix*, *soixante-dix-sept*, etc.

Il faut y ajouter *quatre-vingts*, *quinze-vingts*, qui sont aussi des expressions composées ; et, d'après la règle précédente, *quatre-vingt-cinq*, *quatre-vingt-dix*, *quatre-vingt-dix-huit*, etc.

Adjectifs indéfinis.

467. MÊME est adjectif :

1° Quand il est immédiatement après un substantif (nom ou pronom). Exemples : *Ces murs* MÊMES *peuvent avoir des yeux. — Allons-y nous*-MÊMES.

Excepté quand il y a plusieurs substantifs formant une énumération. Exemple : *Les femmes, les vieillards, les enfants* MÊME *furent immolés sans pitié.*

2° Quand il est immédiatement devant un nom. Exemples : *Les* MÊMES *causes produisent les* MÊMES *effets.*

Hors de ces deux cas, il est toujours adverbe. Exemples : MÊME *les enfants seront admis. — La rouille ronge* MÊME *les plus durs métaux.*

468. TOUT est un *nom*, ou un *pronom*, ou un *adjectif*, ou un *adverbe*.

1° C'est un nom quand il signifie un *entier*. Exemple : *La partie est plus petite que le* TOUT.

Alors, il suit les règles du nom.

2° C'est un pronom quand il représente des personnes ou des choses. Exemples : TOUS *ont paru contents.* — TOUT *est fini.*

Alors, il est pluriel, masculin ou féminin selon le cas, s'il représente des personnes. Exemples : TOUS *ont paru* CONTENTS ou TOUTES *ont paru* CONTENTES. Mais il reste masculin singulier s'il veut dire toute chose (en général), comme dans TOUT *est* FINI.

S'il représentait des choses déterminées, il serait pluriel, masculin ou féminin, selon les objets représentés. Exemple : *Il ne nous reste plus de ces étoffes;* TOUTES *ont été enlevées.*

3° C'est un adjectif quand il est joint à un substantif, comme dans TOUS *les hommes sont frères.* — TOUT *homme a ses défauts.*

Alors il suit les règles de l'adjectif, c'est-à-dire qu'il s'accorde en genre et en nombre avec son substantif.

4° C'est un adverbe s'il modifie un adjectif ou un adverbe, et, en général, quand il signifie *quelque* ou *tout à fait*, comme dans TOUT *instruits qu'ils paraissent, ils savent peu de chose* (*quelque* instruits qu'ils paraissent, etc.,). — *Elle fut* TOUT *aise* (elle fut *tout à fait* aise). — *Ils étaient* TOUT *oreilles.* — *La nation* TOUT *entière le voulait*, etc.

Alors il est invariable comme un autre adverbe, excepté, pour l'euphonie, devant un adjectif féminin commençant par une consonne ou par *h* aspiré. Dans ce cas, il s'écrit comme s'il était adjectif. Exemples : TOUTES *savantes qu'elles paraissent, elles savent peu de chose.* — *Elle fut* TOUTE *surprise.* — *Elles étaient* TOUTES *honteuses*, etc.

Mais on écrirait : TOUT *instruites qu'elles paraissent.* — *Elle fut* TOUT *étonnée.* — *Elles étaient* TOUT *ahuries.*

Tout suivi immédiatement du mot *autre* suit absolument la même règle. Exemples : *Elle est* TOUT *autre* (*tout à fait* autre). — *Je les ai trouvés* TOUT *autres* (*tout à fait* autres). — *C'est une* TOUT *autre affaire* (une affaire *tout à fait* autre). — *Ce sont de* TOUT *autres difficultés* (des difficultés *tout à fait* autres). — TOUTE *autre l'eût refusé pour mari* (toute *femme* autre). — TOUTE *autre mère eût risqué sa vie pour son enfant* (toute *mère* autre). — *Suivez* TOUTE *autre carrière que celle-là* (toute *carrière* autre), etc.

469. QUELQUE, QUEL QUE. Ce que l'on prononce *quelque* forme deux mots ou seulement un mot : deux mots devant un verbe, comme dans QUEL QUE *soit votre mérite;* un seul mot dans les autres cas, comme quand on dit : QUELQUE *mérite que vous ayez.*

1° Lorsque *quelque* forme deux mots, le premier est l'adjectif *quel*, s'accordant en genre et en nombre avec le substantif suivant ; le second est la conjonction *que.* Exemples : QUEL QUE *soit votre mérite.* — QUELS QUE *soient vos talents.* — QUELLE QUE *soit votre fortune.* — QUELLES QUE *soient vos lumières.*

2° Lorsque *quelque* ne forme qu'un mot, il est adjectif ou adverbe : adjectif, s'il est joint à un substantif suivant pour le déterminer, comme dans QUELQUES *richesses que vous ayez.* — QUELQUES *grandes richesses que vous ayez* (*). Il est adverbe dans les autres cas. Exemples : QUELQUE *grandes que soient vos richesses.* — QUELQUE *puissants que soient les rois* (**).

Un moyen de connaître que *quelque* est adverbe, c'est d'essayer de le remplacer par *tout*, comme déjà l'on connaît que *tout* lui-même est un adverbe à la possibilité de le remplacer par *quelque* (468).

(*) On voit qu'un adjectif placé entre le substantif et *quelque* n'empêche pas celui-ci d'être adjectif. On dit *quelques richesses, quelques grandes richesses*, tout comme *vos richesses, vos grandes richesses; tous les hommes, tous les grands hommes*, etc.

(**) *Démonstration.*

Quelques richesses que vous ayez signifie *quelles que soient vos richesses;* par conséquent, c'est *richesses* que *quelques* modifie ; or, *richesses* est un substantif, donc *quelques* est un adjectif.

Quelques grandes richesses que vous ayez signifie *quelles que soient vos grandes richesses;* par conséquent, c'est encore *richesses* que modifie *quelques;* c'est donc encore un adjectif.

Quelque grandes que soient vos richesses signifie *quelle que soit la grandeur de vos richesses ;* par conséquent, *quelque* se rapporte au mot qui exprime la grandeur ; mais ce mot est l'adjectif *grandes*, donc *quelque* se rapporte à un adjectif, donc il est adverbe, et invariable.

Cette démonstration peut s'appliquer au mot *tout* pour faire voir s'il est adjectif ou adverbe.

Exemple : QUELQUE *grands que soient les rois* (*Tout* grands que sont les rois).

Quelque est encore adverbe quand il signifie *environ*. Exemple : *Il y a* QUELQUE *vingt ans qu'il a disparu*.

Il vient quelquefois après *quelque* un substantif employé adjectivement, comme *philosophes* dans *Quelque philosophes qu'ils soient;* le mot *quelque* est alors dans le même cas absolument que s'il modifiait un véritable adjectif.

FORMATION DU FÉMININ, SOIT DES NOMS, SOIT DES ADJECTIFS.

470. On double la consonne finale des adjectifs en *as*, *el*, *éen*, *ien*, *on*, *et*, ainsi que de *épais*, *gentil*, *paysan*, *fol*, *mol*, *gros*, *sot*, *huguenot*, *vieillot*, *nul*, *métis*.

Il faut excepter *ras*, *inquiet*, *...plet*, *...cret*, qui suivent la règle générale: *Ras*, *rase*; *inquiet*, *inquiète*; *secret*, *secrète*, etc.

471. On change *c* final en *que*, *f* en *ve*, *x* en *se*, excepté dans *grec*, *sec*, *doux*, *roux*, *faux*, *vieux*, qui ont au féminin *grecque*, *sèche*, *douce*, *rousse*, *fausse*, *vieille*.

472. On change *eur* en *euse* quand le mot en *eur* est formé d'un participe présent par le changement de *ant* en *eur*, comme *menteur*.

Il faut excepter :

1° *Exécuteur*, *inspecteur*, *inventeur*, *persécuteur*, qui ont le féminin en *trice*.

2° *Chasseur*, *défendeur*, *demandeur*, *devineur*, *pécheur*, *vengeur*, *enchanteur*, qui ont le féminin en *eresse*.

Chanteur fait *chanteuse*, et, en style emphatique, *cantatrice*.

On dit aussi, mais en style ordinaire, *chasseuse*, *demandeuse*, *devineuse*. *Chasseresse* et *devineresse* sont emphatiques; *défenderesse* et *demanderesse* sont des termes de palais.

3° *Professeur*, qui ne change pas au féminin.

473. On change *teur* en *trice* dans les mots non

dérivés de participes présents par le changement de *ant* en *eur*. Exemples : *Admirateur*, *imitateur*, *acteur*, *spectateur*.

Il faut excepter *amateur*, *auteur*, *littérateur*, qui ne changent pas au féminin, et *serviteur*, dont le féminin est *servante*.

474. *Témoin* ne change pas au féminin, non plus que *poète*, *médecin*, *historien*, et autres mots représentant des professions d'hommes. *Châtain*, *fat* et *dispos* ne s'emploient non plus qu'au masculin.

475. *Ambassadeur* fait *ambassadrice; empereur*, *impératrice; roi*, *reine; prêtre*, *prêtresse; prophète*, *prophétesse; traître*, *traîtresse; tigre*, *tigresse; ogre*, *ogresse*, etc.

476. *Coi* fait *coite; favori*, *favorite; beau*, *belle; jumeau*, *jumelle; nouveau*, *nouvelle; damoiseau*, *damoiselle; fou*, *folle; mou*, *molle; malin*, *maligne; bénin*, *bénigne; frais*, *fraîche*.

477. Les adjectifs *beau*, *nouveau*, *fou*, *mou* ont un autre masculin, *bel*, *nouvel*, *fol*, *mol*, lequel s'emploie par euphonie devant un mot commençant par une voyelle ou par *h* muet, comme dans *Un* BEL *homme*, *le* NOUVEL *an*, *un* FOL *amour*.

478. *Vieux* a aussi au masculin *vieil;* mais alors il ne marque pas l'âge. *Mon vieil ami* signifie *mon ancien ami; mon vieux ami* veut dire *mon ami âgé*.

CHAPITRE V

VERBE.

Règles particulières d'accord (358-361).

479. C'EST, CE SONT. Le verbe *être* accompagné de *ce*, comme quand on dit : *C'est moi qui l'ai voulu*, *C'est lui qui vous trompe*, *C'était nous qu'on attaquait*, *Ce sont eux qui en souffriront*, *Sont-ce là ces ennemis terribles*, etc., s'écrit toujours à la 3e personne du singulier ou du pluriel.

480. Il s'écrit à la 3e personne du pluriel :

1° Quand il est suivi d'un substantif (nom ou pronom) pluriel, autre que *nous*, *vous*. Exemples : *Ce*

SONT *des concurrents redoutables.* — *C'*ÉTAIENT *eux qui se trompaient.*

2° Quand il est suivi de plusieurs substantifs formant une énumération complète. Exemple : *Il y a cinq parties du monde, ce* SONT *l'Europe, l'Asie, l'Afrique, l'Amérique et l'Océanie.*

481. Dans tous les autres cas, le verbe *être* accompagné de *ce* se met à la 3e personne du singulier. Exemples : *C'* EST *nous.* — *C'* EST *vous.* — *C'* EST *son frère et lui.*

482. Les verbes *pouvoir* et *devoir* précédés de *ce* et suivis de *être* suivent aussi cette règle. Exemples : *Ce* PEUVENT *être d'honnêtes gens.* — *Ce* DEVRAIENT *être des hommes instruits.* — *Ce* DOIT *être vous.* — *Ce* POURRAIT *bien être son frère et lui.*

483. INFINITIFS SUJETS. Quand le verbe a pour sujets plusieurs infinitifs, il reste singulier, les infinitifs n'ayant pas de nombre. Exemple : *Travailler, souffrir et mourir* EST *la destinée de l'homme ici-bas.*

Cependant lorsque les infinitifs sont déterminés, c'est-à-dire, précédés de l'article, le verbe suit les règles ordinaires. Exemple : *Le boire, le manger et le dormir* SONT *les premiers besoins de la vie animale.*

PARTICIPES.

Participes présents (292-296).

Participes passés. — Règles générales (302-304).

484. RÈGLES PARTICULIÈRES. Le participe passé donne lieu à des règles particulières (*) :

1° Lorsqu'il est suivi d'un infinitif.
2° Lorsqu'il appartient à un verbe unipersonnel.
3° Lorsqu'il est précédé du pronom *en*.
4° Lorsqu'il est précédé de *l'*.
5° Lorsqu'il est précédé de *le peu*.
6° Lorsque c'est le participe *coûté* ou le participe *valu*.

Il faut y ajouter les participes *excepté, supposé, passé, attendu, ouï, entendu, vu, y compris, non com-*

(*) Il ne peut être question ici que des participes accompagnés de *avoir*, ou de *être* pour *avoir*, les autres étant toujours variables.

pris, *ci-joint*, *ci-inclus*, *ci-annexé*, *approuvé*, *reçu*, et autres, dans certains cas.

485. Quand le participe passé est suivi d'un infinitif (avec ou sans préposition), il s'accorde avec le mot répondant à la question *qui?* ou *quoi?* si ce mot peut être mis par la pensée entre le participe et l'infinitif (*).

Ainsi, *entendue* est variable dans *La personne que j'ai* ENTENDUE *chanter*, parce que l'on peut dire : *J'ai entendu la personne chanter.*

Mais il est invariable dans *La romance que j'ai* ENTENDU *chanter*, parce que l'on ne peut pas dire : *J'ai entendu la romance chanter*, mais *j'ai entendu chanter la romance.*

Pareillement *données* est variable dans *J'ai appris les leçons que vous m'aviez* DONNÉES *à apprendre*, parce que l'on peut dire : *Vous m'aviez donné les leçons à apprendre.* Mais *cherché* est invariable dans *Les difficultés qu'on a sérieusement* CHERCHÉ *à vaincre, sont bientôt vaincues*, parce que l'on ne peut pas dire : *On a cherché les difficultés à vaincre*, mais *à vaincre les difficultés.*

Le participe SUIVI D'UN INFINITIF SOUS-ENTENDU est toujours invariable. Exemple : *Il a fait toutes les démarches qu'il a* DU (sous-entendu *faire*) (**).

Le participe FAIT SUIVI D'UN INFINITIF est invariable. Exemple : *On nous a fait attendre longtemps* (***).

(*) Ce qui donne lieu ici à la difficulté, c'est que le participe suivi d'un infinitif a pour complément direct tantôt cet infinitif lui-même, tantôt le substantif (presque toujours un pronom) qui précède. Or, c'est un bon moyen de s'assurer si c'est le substantif que de le mettre par la pensée après le participe.

Dans l'exemple *La personne que j'ai entendue chanter*, quel est le véritable complément direct de *entendu?* Bien évidemment, c'est le pronom *que* représentant *personne* si l'on peut dire : *J'ai entendu la personne.* Et quel est-il dans *La romance que j'ai entendu chanter?* Ce ne peut être *que* représentant *romance*, parce que ce n'est pas la romance que j'ai entendue, mais le chant de la romance.

(**) La raison en est que le participe suivi d'un infinitif sous-entendu est dans le même cas que si cet infinitif était exprimé, mais qu'il a toujours pour complément direct cet infinitif. Il rentre donc dans la règle générale.

(***) Même observation.

486. Quand le participe passé appartient à un verbe unipersonnel, il est invariable (*). Exemples : *Il s'est* PASSÉ *d'étranges choses. — Il a été* LU *des poésies charmantes. — Il est* ARRIVÉ *d'heureuses nouvelles. — Les pluies qu'il a* FAIT, *ont gâté les récoltes. — Les guerres qu'il y a* EU, *ont ruiné la contrée.*

487. Quand le participe passé est précédé du pronom *en*, il est invariable si *en* est partitif, parce que, alors, il n'a pas de complément direct avant lui dans

---

(*) Voici, selon nous, la raison de cette règle.

Le verbe unipersonnel est toujours ou pronominal, ou passif, ou intransitif (neutre). Or

1° Quand le verbe unipersonnel est pronominal, comme son auxiliaire est alors *être* pour *avoir*, le participe ne peut s'accorder qu'avec son complément direct (3e règle générale); mais ce complément direct ne peut être que le pronom *se*, lequel, comme pronom réfléchi, se rapporte nécessairement au sujet *il*, masculin, singulier; donc, alors, le participe est toujours masculin, singulier, ou invariable.

2° Quand le verbe unipersonnel est passif, son auxiliaire est *être*, non mis pour *avoir;* et alors le participe se rapporte au sujet, qui est toujours *il*, masculin, singulier; donc, en ce cas encore, il est invariable.

3° Quand le verbe unipersonnel est intransitif, si son auxiliaire est *avoir*, le participe est invariable, n'ayant pas de complément direct; et invariable encore lorsque l'auxiliaire est *être*, puisque, alors, il se rapporte au sujet qui est *il*.

Mais comment rendre raison de ces sortes de participes dans la phrase *Les récoltes qu'il y a eu ont été fort belles*, et autres semblables? Si *que* est complément direct de *eu*, ce participe doit s'écrire au féminin pluriel, d'après la règle; s'il ne l'est pas, qu'est-il donc? Voilà bien, il nous semble, toute la difficulté.

Convenons d'abord d'un principe. Le pronom relatif remplit dans la proposition où il se trouve la même fonction qu'y remplirait le nom lui-même dont il tient la place.

Ainsi quand on dit : *Les fleurs que j'ai cueillies sont fort belles*, le pronom *que* relatif à *fleurs*, est bien le complément direct de *cueillies*, comme *fleurs* lui-même le serait si l'on disait : *J'ai cueilli des fleurs*. Pareillement, dans la phrase *Les récoltes qu'il y a eu ont été fort belles*, ce même pronom *que* est absolument ce que serait le nom *récoltes* si l'on disait *il y a eu des récoltes*. Or, ici, *récoltes* n'est autre chose qu'un attribut de *il*, c'est à *il* que ce nom se rapporte, et il sert à l'expliquer. En effet, *il y a eu des récoltes* signifie *il a existé des récoltes;* c'est-à-dire, *une chose a existé, des récoltes :* où l'on voit que *récoltes* est bien la même chose que *il* développé. Donc le pronom *que* n'est autre chose aussi qu'un attribut de *il*. C'est pourquoi il ne peut exercer aucune influence sur l'orthographe du participe *eu*.

la proposition (*). Exemples : *Les moments sont si précieux! Combien cependant nous* EN *avons* PERDU ! — — *Alexandre a détruit plus de villes qu'il n'*EN *a* FONDÉ.

Mais lorsque *en* est relatif, le participe peut avoir un complément direct avec lequel il s'accorde. Mais ce n'est jamais ni *en* lui-même ni le substantif auquel il se rapporte. Exemple : *Ces personnes sont très-obligeantes; je n'oublierai jamais les services que j'en ai* REÇUS.

Le pronom *en* est relatif quand il reproduit tout l'antécédent ou corrélatif, comme dans l'exemple précédent, où l'on voit qu'il représente bien toutes les personnes.

Mais il est partitif quand il ne reproduit qu'en partie le substantif corrélatif, comme quand on dit, en parlant de fleurs : *J'en ai cueilli*, où il ne représente en réalité qu'une partie des fleurs.

488. Le participe passé précédé du pronom *le* ou *l'* pour *le* est invariable. Exemples : *Ils ont mieux réussi que nous ne nous le serions* IMAGINÉ *et qu'ils ne l'avaient* ESPÉRÉ *eux-mêmes* (**).

Pour connaître si *l'* est mis pour *le* ou pour *la*, il faut le faire suivre d'un verbe commençant par une consonne. Ainsi, au lieu de *Cette maison est plus commode que je ne l'avais cru*, dites : *Cette maison est plus commode que je ne* LE *croyais*, ou *que je ne* LE

(*) Quelquefois le partitif *en* ne se rapporte qu'à une partie, si l'on peut parler ainsi, du substantif qui le précède, comme dans l'exemple : *Les moments sont si précieux! Combien cependant nous en avons* PERDU ! où l'on voit que *en* ne représente qu'un nombre indéfini de moments. Ne serait-il pas étrange qu'on fît accorder le participe avec une fraction de mot?

D'autres fois, il ne s'y rapporte pas du tout, comme dans l'exemple *Alexandre a détruit plus de villes qu'il n'en a fondé*, où l'on voit que le mot *villes* représente des villes détruites, et *en* des villes fondées. Le pronom n'a donc aucun rapport déterminé, et ne saurait donner lieu à un accord positif de genre et de nombre.

(**) C'est que, dans ce cas, le participe a pour complément direct le pronom *le* lui-même, qui ne peut être que masculin, singulier, ou plutôt sans genre ni nombre; car il représente non un substantif, mais une proposition tout entière. En effet, *Cette maison est plus commode que je ne l'avais cru*, signifie *Cette maison est plus commode que je n'avais cru qu'elle est commode.*

pensais, ou *que vous ne* LE *disiez*, *que nous ne* LE *supposions*, etc.

489. Le participe précédé de *le peu* n'est invariable que lorsque *le peu* signifie *le trop peu*. Exemple : *Le peu de bienveillance qu'on m'a* MONTRÉ, *me décourage* (Le *trop peu* de bienveillance qu'on m'a montré, me décourage) (*).

Dans les autres cas, le participe s'accorde avec le substantif qui suit *le peu*. Exemple : *Le peu de bienveillance qu'on m'a* MONTRÉE, *m'encourage*.

490. Les participes *coûté* et *valu* ne sont variables, le premier, que lorsqu'il signifie *occasionné ;* le second, que quand il veut dire *procuré*. Exemples : *Que de dépenses son éducation a* COUTÉES (a occasionnées) ! — *Que d'honneurs sa complaisance lui a* VALUS (lui a procurés) (**) !

491. Les participes *excepté*, *supposé*, *passé*, *attendu*, *ouï*, *entendu*, *vu*, *y compris*, *non compris*, *ci-joint*, *ci-annexé*, *ci-inclus*, etc., sont invariables avant le substantif, et variables après. Exemples : *Il a tout vendu*, EXCEPTÉ *ses livres ; Il a tout vendu*, *ses livres* EXCEPTÉS. — PASSÉ *cette époque*, *je ne m'occuperai plus de cette affaire; Cette époque* PASSÉE, *je ne m'occuperai plus de cette affaire* (***).

492. Certains participes, en style de procédure

(*) *Voir* les collectifs (127, 434, 436).

(**) Quelques auteurs veulent *coûté* et *valu* toujours variables, les considérant comme toujours transitifs. D'autres les veulent toujours invariables, comme toujours intransitifs. D'autres enfin les font tantôt variables, tantôt invariables. Il nous semble que cette dernière opinion est la seule bonne.

Si, prenant pour exemple le verbe *valoir*, nous le considérons dans ces deux phrases : 1° *Cette maison a dû valoir bien de l'argent*. 2° *Cette maison a dû vous valoir bien de l'argent*, nous trouverons :

1° Que, dans la 1re, il veut dire *avoir une valeur*.

2° Que, dans la 2e, il signifie *rapporter une valeur*.

Mais *rapporter* et *avoir* n'est certainement pas la même chose ; il y a donc *valoir* et *valoir*. Or, *valoir*, quand il veut dire *avoir une valeur*, est bien évidemment intransitif ; l'autre, donc, puisqu'il est différent, ne saurait être que transitif.

(***) C'est que, placés avant le substantif, ces mots sont moins des participes que des prépositions ou des adverbes ; EXCEPTÉ veut dire *hormis ;* SUPPOSÉ signifie *dans la supposition de*, ou *en supposant ;* PASSÉ veut dire *après ;* Y COMPRIS, *en y comprenant*, etc.

ou d'affaires, se rapportent à des mots sous-entendus sans genre ni nombre, tels que *ceci*, *cela*, *il* indéfini, etc. Ils sont invariables. Exemples : VU. — APPROUVÉ. — *Ainsi* JUGÉ. — *Ainsi* CONVENU *et* FAIT *double*.

Quelquefois même, il vient après ces participes un nom complément. Exemples : APPROUVÉ *l'écriture*. — RECONNU *l'erreur*, etc.

493. PARTICIPE ENTRE DEUX QUE. Il est invariable. Exemple : *La conduite que j'ai* SU *que vous tiendriez, m'a rendu circonspect* (*).

494. PARTICIPES PLU, DÉPLU, COMPLU, RI. Ces participes suivent la règle générale, c'est-à-dire qu'ils varient quand ils sont transitifs, et restent invariables dans les autres cas (**). Exemples : *Ils se sont* PLUS *à nous tourmenter*. — *Nous nous sommes* RIS

(*) Cette construction avec deux *que* est incorrecte, et doit être évitée.

(**) Ces participes sont déclarés toujours invariables par certains auteurs, et l'étrange raison qu'ils en donnent, c'est que tout participe de verbe pronominal accidentel reste invariable quand ce verbe pronominal est formé d'un verbe intransitif. Oui, sans doute, si cet intransitif est essentiel ; mais il se trouve précisément que les participes de *plaire, déplaire, complaire* et *rire* se prêtent très-facilement à la formation de pronominaux transitifs.

D'abord, tout le monde sait que les pronoms réfléchis *me*, *te*, *se*, *nous*, *vous* portent avec eux la préposition *à* quand ils sont compléments indirects; or, dans l'exemple *Ils se sont plus à nous tourmenter*, peut-on dire que le réfléchi *se* est mis pour *à soi?* Ce serait dire que *Ils ont plu à eux à nous tourmenter* est quelque chose de français.

D'un autre côté, à *Ils se sont plus* de l'exemple précédent substituez *ils se sont délectés*, *ils se sont amusés*, qui présentent exactement la même construction, et qui, sous le rapport de la signification, n'en diffèrent que du plus au moins ou du moins au plus, comme *délice* et *amusement* diffèrent de *plaisir;* et vous reconnaîtrez, à n'en pas douter, que *se* est complément direct, et que, par conséquent, le participe *plus* est variable au même titre que *délectés* et *amusés*.

Allons au fond des choses.

PLAIRE intransitif veut dire *convenir*, *faire plaisir*, comme dans *Ils m'ont plu tout d'abord;* SE PLAIRE, alors, veut dire *se convenir*, *se faire plaisir*, comme dans *Ils se sont plu tout d'abord;* mais SE PLAIRE transitif ne veut plus dire *faire plaisir*, il signifie au contraire *prendre plaisir*, comme dans l'exemple *Ils se sont plus à nous tourmenter*.

Quant à *se rire*, lorsqu'il est intransitif, il signifie *échanger des rires entre soi*, au lieu que, quand il est transitif, il veut dire *se moquer*, c'est-à-dire, *porter ses rires sur quelqu'un*.

de ses menaces. — Nous nous sommes PLU *en nous voyant. — Ils se sont* RI, *et fait d'autres signes d'intelligence.*

EMPLOI DES AUXILIAIRES.

Règles générales (370, 371).

Règles particulières.

495. Certains verbes intransitifs prennent tantôt l'auxiliaire *être*, tantôt l'auxiliaire *avoir*. Les principaux sont *rester*, *demeurer*, *partir*, *convenir*, *échapper*.

1° RESTER et DEMEURER prennent *avoir* quand ils signifient *habiter*, *séjourner*. Exemples : *Nous* AVONS *demeuré longtemps à Marseille. — Quand on* A *resté huit jours à Paris, on ne peut plus se souffrir ailleurs.* Ils prennent *être* dans les autres cas. Exemple : *Ils* SONT *partis et nous* SOMMES *restés.*

2° PARTIR prend *avoir* quand, ayant pour sujet un nom de chose, il marque un mouvement vif. Exemple : *Le trait* A *parti.* Il prend *être* dans les autres cas. Exemple : *Mon frère* EST *parti.*

3° CONVENIR prend *avoir* quand il signifie *convenance*, et *être* quand il veut dire *convention*. Exemples : *Ses manières ne m'*ONT *pas convenu. — Ces points* ONT ÉTÉ *convenus.*

4° ÉCHAPPER a pour sujet un nom de personne ou un nom de chose. S'il a pour sujet un nom de personne, il prend *être*, pourvu qu'il signifie *s'évader*, *sortir*. Exemple : *Ces voleurs se* SONT *échappés de prison.* Mais il prend *avoir* quand il veut dire *éviter*. Exemple : *Ces voleurs* ONT *échappé à la prison.*

Quand il a pour sujet un nom de chose, il prend *être* s'il signifie *être fait* ou *dit par mégarde*. Exemples : *Cette faute m'*EST *échappée* (je l'ai faite sans y prendre garde). — *Cette parole m'*EST *échappée* (je l'ai dite sans y faire attention). Il prend *avoir* s'il veut dire *passer inaperçu* ou *être tombé dans l'oubli*. Exemples : *Cette faute m'*A *échappé* (je ne l'ai pas vue). — *Ce nom m'*A *échappé* (je ne m'en souviens plus).

Apparaître, *croître*, *descendre* (baisser), *disparaître*, *expirer, grandir, grossir, monter* (croître), *paraître, passer, sonner*, etc., prennent *avoir* quand ils marquent une action, et *être* quand ils marquent un état.

Exceptions aux règles de formation des temps.

PREMIÈRE CONJUGAISON.

496. Les verbes en *cer* gardent *ce* dans toute la conjugaison, excepté devant *a, o, u*, où ils prennent *ç*; et devant *i*, où *e* disparaît. Exemple :

...CER.
- **Primitifs.** Per*cer*, per*çant*, per*cé*, je per*ce*, je per*çai*.
- **Indic. Prés.** Je perce, tu perces, il perce, nous *perçons*, vous percez, ils percent.
- **Imparf.** Je *perçais*, tu *perçais*, il *perçait*, nous *percions*, vous *perciez*, ils *perçaient*.
- Etc. etc.

497. Les verbes en *ger* gardent *ge* dans toute la conjugaison, excepté devant *i*, où *e* disparaît. Exemple :

...GER.
- **Primitifs.** Ga*ger*, ga*geant*, ga*gé*, je ga*ge*, je ga*geai*.
- **Indic. Prés.** Je gage, tu gages, il gage, nous ga*geons*, vous gagez, ils gagent.
- **Imparf.** Je *gageais*, tu *gageais*, il *gageait*, nous *gagions*, vous *gagiez*, ils *gageaient*.
- Etc., etc.

498. Les verbes en *eler*, autres que *déceler, geler, harceler, modeler, peler*, doublent *l* devant *e* muet, mais seulement dans ce cas. Exemple :

...ELER.
- **Primitifs.** App*eler*, app*elant*, app*elé*, j'app*elle*, j'app*elai*.
- **Indic. Prés.** J'*appelle*, tu *appelles*, il *appelle*, nous appelons, vous appelez, ils *appellent*.
- **Imparf.** J'appelais, tu appelais, il appelait, etc.
- Etc., etc.

499. Les verbes en *eter*, autres que *acheter*, *becqueter*, doublent *t* devant *e* muet, mais dans ce cas seulement. Exemple :

...ETER.
- **Primitifs.** Jeter, *jetant*, *jeté*, je *jette*, je *jetai*.
- **Indic. Prés.** Je *jette*, tu *jettes*, il *jette*, nous jetons, vous jetez, ils *jettent*.
- **Imparf.** Je jetais, tu jetais, il jetait, etc.
- Etc., etc.

500. Les verbes qui ont *e* ou bien *é* avant la consonne qui précède la terminaison *er*, comme *sEmer*, *lEver*, *espÉrer*, *gÉrer*, changent cet *e* muet ou cet *é* fermé en *è* ouvert devant une syllabe muette. Ex.:

...E. ER.
...É. ER.
- **Primitifs.**
  - Semer, *semant*, *semé*, je *sème*, je *semai*.
  - Gérer, *gérant*, *géré*, je *gère*, je *gérai*.
- **Indic. Prés.**
  - Je *sème*, tu *sèmes*, il *sème*, nous semons, etc.
  - Je *gère*, tu *gères*, il *gère*, nous gérons, etc.
- **Imparf.**
  - Je semais, tu semais, etc.
  - Je gérais, tu gérais, etc.
- Etc., etc.

Il faut excepter :

1° Ceux en *eler*, *eter* (498, 499).

2° Ceux en *éger*, où *é* pénultième ne change pas.

Les verbes en *yer*, comme *payer*, *noyer*, *essuyer*, changent *y* en *i* simple devant *e* muet. Exemple :

...YER.
- **Primitifs.** Payer, *payant*, *payé*, je *paie*, je *payai*.
- **Indic. Prés.** Je *paie*, tu *paies*, il *paie*, nous payons, vous payez, ils *paient*.
- **Imparf.** Je payais, tu payais, il payait, nous payions, vous payiez, ils payaient.
- Etc., etc.

501. Les verbes en *ier*, *yer*, *ller* (*ll* mouillés), *gner*, et d'autres, présentés comme difficiles à la 1re et à la 2e personne du pluriel de l'imparfait de l'indicatif et du présent du subjonctif, suivent simplement la règle de formation de ces deux temps (329, 334).

...IER, etc. — **Imp. de l'ind.**, **Prés. du subj.** — 1re, 2e du pl.:

*pri*ANT, nous pri*ions*, vous pri*iez*.
*pay*ANT, nous pay*ions*, vous pay*iez*.
*veill*ANT, nous veil*lions*, vous veil*liez*.
*gagn*ANT, nous ga*gnions*, vous ga*gniez*.

502. ALLER.

Primitifs. *Aller*, *allant*, *allé*, je *vais* ou je *vas*, j'*allai*.
Indic. Prés. Je vais, tu vas, il va, nous allons, vous allez, ils *vont*.
Futur. J'*irai*, tu *iras*, il *ira*, nous *irons*, etc.
Condit. Prés. J'*irais*, tu *irais*, il *irait*, etc.
Impérat. *Va*, allons, allez.
Subjonct. Prés. Que j'*aille*, que tu *ailles*, qu'il *aille*, que nous allions, que vous alliez, qu'ils *aillent*.

503. ENVOYER.

Primitifs. *Envoyer*, *envoyant*, *envoyé*, j'*envoie*, j'*envoyai*.
Indic. Futur. J'*enverrai*, tu *enverras*, il *enverra*, nous *enverrons*, vous *enverrez*, ils *enverront*.
Condit. Prés. J'*enverrais*, tu *enverrais*, il *enverrait*, nous *enverrions*, vous *enverriez*, ils *enverraient*.

DEUXIÈME CONJUGAISON.

504. ...CUEILLIR.
Primitifs. ... *cueillir*, ... *cueillant*, ...*cueilli*, je ...*cueille*, je ...*cueillis*.
Indic. Futur. Je...*cueillerai*, tu...*cueilleras*, il ...*cueillera*, etc.
Condit. Prés. Je ... *cueillerais*, tu ...*cueillerais*, etc.

505. ...COURIR.
Primitifs. ...*courir*, ...*courant*, ...*couru*, je ...*cours*, je ...*courus*.
Indic. Futur. Je... *courrai*, tu ...*courras*, il ... *courra*, nous ...*courrons*, vous ...*courrez*, ils ...*courront*.
Condit. Prés. Je ...*courrais*, tu ...*courrais*, il ...*courrait*, etc.

506. ...ENIR.
Primitifs. ...*enir*, ...*enant*, ...*enu*, je ...*iens*, je ...*ins*.
Indic. Prés. Je ...iens, tu ...iens, il ...ient, nous ...enons, vous ...enez, ils ...*iennent*.
Futur. Je ...*iendrai*, tu ...*iendras*, il ...*iendra*, nous...*iendrons*, vous ...*iendrez*, ils ...*iendront*.
Condit. Prés. Je ...*iendrais*, tu ...*iendrais*, il ...*iendrait*, nous ...*iendrions*, vous ...*iendriez*, ils ...*iendraient*.
Subj. Prés. Que je ...*ienne*, que tu ...*iennes*, qu'il ...*ienne*, que nous ...enions, que vous ...eniez, qu'ils ...*iennent*.

507. ...ENTIR.
Primitifs. ...*entir*, ...*entant*, ...*enti*, je ...*ens*, je ...*entis*.
Ralentir et *retentir* sont réguliers (*ir*, *issant*, *i*, je *is*, je *is*).

508. FAILLIR.
Primitifs. *Faillir*, », *failli*, », je *faillis*.
Il n'a que l'infinitif, le passé défini, le futur, le conditionnel présent, et les temps composés.

509. DÉFAILLIR.	**Primitifs.** *Défaillir, défaillant, défailli*, », je *défaillis*. Il manque du singulier au présent de l'indicatif.
510. FLEURIR.	**Primitifs.** *Fleurir*, *fleurissant* au pr., *florissant* au fig., *fleuri*, je *fleuris*, je *fleuris*. **Indic. Imparfait.** Je fleurissais, tu fleurissais, etc., au propre. Je florissais, tu florissais, etc., au figuré. *Défleurir* et *refleurir* gardent toujours *fleu*.
511. GÉSIR.	Il ne s'emploie que dans *Il gît, ils gisent, ci-gît, ci-gisent. Gisant, il gisait, ils gisaient.*
512. HAÏR.	**Primitifs.** *Haïr, haïssant, haï*, je *hais*, je *haïs*. **Indic. Passé déf.** Je haïs, tu haïs, il haït, nous *haïmes*, vous *haïtes*, ils haïrent.
513. ISSIR.	Il n'a que le participe passé *issu* que l'on conjugue avec *être*.
514. MOURIR.	**Primitifs.** *Mourir, mourant, mort*, je *meurs*, je *mourus*. **Indic. Prés.** Je meurs, tu meurs, il meurt, nous mourons, vous mourez, ils *meurent*. **Futur.** Je *mourrai*, tu *mourras*, il *mourra*, nous *mourrons*, vous *mourrez*, ils *mourront*. **Condit. Prés.** Je *mourrais*, tu *mourrais*, il *mourrait*, nous *mourrions*, vous *mourriez*, ils *mourraient*. **Subj. Prés.** Que je *meure*, que tu *meures*, qu'il *meure*, que nous mourions, que vous mouriez, qu'ils *meurent*.

515. Ouïr. — Il s'emploie seulement
- au présent de l'infinitif *ouïr*.
- au participe passé, *ouï*.
- aux temps composés (avec *avoir*).

516. Partir.
- **Primitifs.** *Partir*, *partant*, *parti*, je *pars*, je *partis*.
- *Repartir*, de même.
- *Répartir* (distribuer) est régulier, comme *finir*.
- *Départir* a seulement
  - le présent de l'infinitif *départir*.
  - le participe passé *departi*.
  - le futur et le conditionnel présent (réguliers).
  - les temps composés (avec *avoir* et *être* pour *avoir*).

517. Quérir. — Il n'a que le présent de l'infinitif quand il est simple.

518. ...quérir.
- **Primitifs.** ...*quérir*, ...*quérant*, ...*quis*, je ...*quiers*, je ...*quis*.
- **Indic. Prés.** Je ...quiers, tu ...quiers, il ...quiert, nous ...quérons, vous ...quérez, ils ...*quièrent*.
- **Futur.** Je ...*querrai*, tu ...*querras*, il ...*querra*, etc.
- **Conditionnel Prés.** Je ...*querrais*, tu ...*querrais*, il ...*querrait*, etc.
- **Subjonct. Prés.** Que je ...*quière*, que tu ...*quières*, qu'il ...*quière*, que nous ...quérions, que vous ...quériez, qu'ils ...*quièrent*.

519. Saillir.
- Transitif, il est régulier : *Saillir*, *saillissant*, *sailli*, il *saillit*, il *saillit*.
- Intransitif : *Saillir*, *saillant*, *sailli*, il *saille*, il *saillit*.
- Il ne s'emploie qu'aux 3es personnes, quand il est personnel.

520. ...SAILLIR.

- **Primitifs.** *Assaillir, assaillant, assailli*, j'*assaillis*, j'*assaillis*. *Tressaillir, tressaillant, tressailli*, je *tressaille*, je *tressaillis*.
- **Indic. Futur.** J'*assaillirai*, tu *assailliras*, etc. Je *tressaillerai*, tu *tressailleras*, etc.
- **Condit. Prés.** J'*assaillirais*, tu *assaillirais*, etc. Je *tressaillerais*, tu *tressaillerais*, etc.

521. SORTIR.

- **Primitifs.** *Sortir, sortant, sorti*, je *sors*, je *sortis*.
- *Ressortir* (sortir de nouveau), de même.
- Sont réguliers: *Assortir*. *Sortir* (obtenir), transitif, 3es personnes. *Ressortir* (être du ressort), intransitif. — termes de palais.

TROISIÈME CONJUGAISON.

522. ...EVOIR.

- **Primitifs.** ...*evoir*, ...*evant*, ..*u*, je ...*ois*, je ...*us*.
- **Indic. Prés.** Je ..ois, tu ...ois, il ...oit, nous ...evons, vous ... evez, ils .. *oivent*.
- **Subjonct. Prés.** Que je ...*oive*, que tu ...*oives*, qu'il ...*oive*, que nous ...evions, que vous ...eviez, qu'ils ...*oivent*.
- Dans les verbes en *cevoir*, *ce* se change en *ç* devant *u*.
- Dans *devoir*, *redevoir*, le partic. passé est *dû*, *due*, *dus*, *dues*, *redû*, etc.

523. AVOIR.

- **Primitifs.** *Avoir*, *ayant*, *eu*, j'*ai*, j'*eus*.
- **Indic. Prés.** J'ai, tu as, il a, nous *avons*, vous *avez*, ils *ont*.

523 *bis*. AVOIR.
- **Indic. Imparf.** J'*avais*, tu *avais*, il *avait*, nous *avions*, etc.
- **Futur.** J'*aurai*, tu *auras*, il *aura*, nous *aurons*, etc.
- **Condit. Prés.** J'*aurais*, tu *aurais*, il *aurait*, etc.
- **Impératif.** *Aie*, *ayons*, *ayez*.

524. CHOIR.
- Il n'a que *choir*, *chu*, et les temps composés (avec *être*).

525. ÉCHOIR.
- **Primitifs.** *Échoir*, *échéant*, *échu*, il *échoit*, il *échut*.
- **Indic. Prés.** Il *échoit* ou *échet*, ils *échoient* ou *échéent*.
- **Futur.** Il *écherra*, ils *écherront*.
- **Condit. Prés.** Il *écherrait*, ils *écherraient*.
- **Subjonct. Prés.** Qu'il *échoie* ou *échée*, qu'ils *échoient* ou *échéent*.
- Temps composés (avec *être*).
- Il ne s'emploie qu'aux 3es personnes.

526. DÉCHOIR.
- **Primitifs.** *Déchoir*, *déchu*, je *déchois*, je *déchus*.
- **Indic. Prés.** Je déchois, tu déchois, il déchoit, ils déchoient. Pas de 1re ni de 2e personne au pluriel.
- **Futur.** Je *décherrai*, tu *décherras*, il *décherra*, etc.
- Pas d'imparfait à l'indicatif.
- **Condit. Prés.** Je *décherrais*, tu *décherrais*, etc.
- **Subjonct. Prés.** Que je *déchoie*, que tu *déchoies*, etc.

527. FALLOIR.
- **Primitifs.** *Falloir*, *fallant*, *fallu*, il *faut*, il *fallut*.
- **Indic. Futur.** Il *faudra*.
- **Condit. Prés.** Il *faudrait*.
- **Subjonct. Prés.** Qu'il *faille*.

528. MOUVOIR.

Primitifs. *Mouvoir*, *mouvant*, *mû*, je *meus*, je *mus*.

Indic. Prés. Je meus, tu meus, il meut, nous mouvons, vous mouvez, ils *meuvent*.

Ni futur absolu, ni conditionnel présent (trop durs) (*).

Subjonct. Prés. Que je *meuve*, que tu *meuves*, qu'il *meuve*, que nous mouvions, que vous mouviez, qu'ils *meuvent*.

529. POUVOIR.

Primitifs. *Pouvoir*, *pouvant*, *pu*, je *peux* ou je *puis*, je *pus*.

Indic. Prés. Je peux ou je *puis*, tu peux, il peut, nous pouvons, vous pouvez, ils *peuvent*.

Futur. Je *pourrai*, tu *pourras*, il *pourra*, etc.

Condit. Prés. Je *pourrais*, tu *pourrais*, etc.

Pas d'impératif.

Subjonct. Prés. Que je *puisse*, que tu *puisses*, qu'il *puisse*, etc.

530. SAVOIR.

Primitifs. *Savoir*, *sachant*, *su*, je *sais*, je *sus*.

Indic. Prés. Je sais, tu sais, il sait, nous *savons*, vous *savez*, ils *savent*.

On dit aussi à la 1re personne du singulier : *Je ne sache pas*.

Imparf. Je *savais*, tu *savais*, il *savait*, nous *savions*, etc.

Futur. Je *saurai*, tu *sauras*, il *saura*, etc.

Condit. Prés. Je *saurais*, tu *saurais*, il *saurait*, etc.

Impératif. *Sache*, *sachons*, *sachez*.

(*) Il y en a qui admettent Je *mouvrai*, tu *mouvras*, etc.; je *mouvrais*, tu *mouvrais*, etc.

531. VALOIR.

Primitifs. *Valoir*, *valant*, *valu*, je *vaux*, je *valus*.

Indic. Futur. Je *vaudrai*, tu *vaudras*, il *vaudra*, etc.

Condit. Prés. Je *vaudrais*, tu *vaudrais*, etc.

Pas d'impératif.

Subjonct. Prés. Que je *vaille*, que tu *vailles*, qu'il *vaille*, que nous valions, que vous valiez, qu'ils *vaillent*.

Prévaloir se forme régulièrement au présent du subjonctif.

532. VOIR.

Primitifs. *Voir*, *voyant*, *vu*, je *vois*, je *vis*.

Indic. Futur. Je *verrai*, tu *verras*, il *verra*, nous *verrons*, etc.

Condit. Prés. Je *verrais*, tu *verrais*, etc.

Entrevoir, *revoir*, de même. *Prévoir* fait au futur je *prévoirai*, et au conditionnel je *prévoirais*.

533. POURVOIR.

Primitifs. *Pourvoir*, *pourvoyant*, *pourvu*, je *pourvois*, je *pourvus*.

Indic. Futur. Je *pourvoirai*, tu *pourvoiras*, etc.

Condit. Prés. Je *pourvoirais*, tu *pourvoirais*, etc.

534. VOULOIR.

Primitifs. *Vouloir*, *voulant*, *voulu*, je *veux*, je *voulus*.

Indic. Prés. Je veux, tu veux, il veut, nous voulons, vous voulez, ils *veulent*.

Futur. Je *voudrai*, tu *voudras*, il *voudra*, etc.

Condit. Prés. Je *voudrais*, tu *voudrais*, etc.

Impératif. *Veuille*, *veuillons*, *veuillez*.

Subjonct. Prés. Que je *veuille*, que tu *veuilles*, qu'il *veuille*, que nous voulions, que vous vouliez, qu'ils *veuillent*.

535. SEOIR. Signifiant *siéger*, n'a que le participe présent *séant*.
être situé, n'a que le participe passé *sis, sise*.
convenir n'a que
- il *sied*, ils *siéent*.
- *seyant*, il *seyait*, ils *seyaient*.
- il *siéra*, ils *siéront*.
- il *siérait*, ils *siéraient*.

Messeoir (ne pas convenir), de même.

536. ASSEOIR.

prendre ou *donner un siége*.
Primitifs. *Asseoir, asseyant, assis, j'assieds, j'assis.*
Indic. Prés. J'assieds, tu assieds, il assied, nous asseyons, vous asseyez, ils *assiéent* ou asseient.
Futur. J'*assiérai* ou *asseierai*, tu *assiéras* ou *asseieras*, etc.
Condit. Prés. J'*assiérais* ou *asseierais*, etc.

établir.
Primitifs. *Asseoir, asseoyant, assis, j'asseois, j'assis.*
Indic. Futur. J'*asseoirai*, tu *asseoiras*, etc.
Condit. Prés. J'*asseoirais*, tu *asseoirais*, etc.
Surseoir, de même.

QUATRIÈME CONJUGAISON.

537. ...AÎTRE.

Connaître. *Paraître.* **Primitifs.** ...*aître*, ...*aissant*, ...*u*, je ...*ais*, je ...*us*.
Les composés, de même.

Naître. **Primitifs.** *Naître*, *naissant*, *né*, je *nais*, je *naquis*.
Renaître, de même, mais sans participe passé.

537 *bis*. ...AÎTRE

- *Paître*. **Primitifs**. *Paître, paissant*, je *pais*.
- *Repaître*, complet, comme *connaître*.
- Dans tous ces verbes, *î* au lieu de *i* devant la lettre *t*.

538. ...PRENDRE

- **Primitifs**. *...prendre*, *...prenant*, *...pris*, je *...prends*, je *...pris*.
- **Indic. Prés.** Je ...prends, tu ...prends, il ...prend, nous ...prenons, vous ...prenez, ils *...prennent*.
- **Subjonct. Prés**. Que je *...prenne*, que tu *...prennes*, qu'il *...prenne*, que nous ...prenions, que vous ...preniez, qu'ils *...prennent*.

539. ...INDRE.

- *...aindre*, *...aignant*, *...aint*, je *...ains*, je *...aignis*.
- *...eindre*, *...eignant*, *...eint*, je *...eins*, je *...eignis*.
- *...oindre*, *...oignant*, *...oint*, je *...oins*, je *...oignis*.
- *Poindre* n'a que *poindre*, il *point*, il *poindra*, il *poindrait*.

540. ABSOUDRE.

- **Primitifs**. *Absoudre*, *absolvant*, *absous*, fém. *absoute*, j'*absous*.
- **Indic. Prés.** J'absous, tu absous, il absout, nous absolvons, vous ababsolvez, ils absolvent.
- Pas de passé défini.
- *Dissoudre*, de même.

541. RÉSOUDRE.

- comme *absoudre* quand il signifie *réduire*.
- Dans les autres cas, il a
  - au participe passé *résolu*.
  - au passé défini je *résolus*.

542. BRAIRE.

- Ce verbe n'a que
  - les primitifs *braire*, *brayant*, il *brait*.
  - les dérivés aux 3es personnes.

543. Boire.
- **Primitifs.** *Boire*, *buvant*, *bu*, je *bois*, je *bus*.
- **Indic. Prés.** Je bois, tu bois, il boit, nous buvons, vous buvez, ils *boivent*.
- **Subjonct. Prés.** Que je *boive*, que tu *boives*, qu'il *boive*, que nous buvions, que vous buviez, qu'ils *boivent*.

544. Bruire
- Ce verbe n'a que *bruire*, il *bruyait*, ils *bruyaient*.

545. Clore.
- Je *clos*, tu *clos*, il *clôt*, sans pluriel.
- Je *clorai*, tu *cloras*, etc. ; je *clorais*, tu *clorais*, etc.
- *Clos*, *close*, et les temps composés.
- *Enclore*, de même.
- *Eclore*
  - Il *éclôt*, ils *éclosent*.
  - Il *éclora*, ils *écloront*; il *éclorait*, ils *écloraient*.
  - Qu'il *éclose*, qu'ils *éclosent*.
  - *Eclos*, *éclose*, et les temps composés (avec *être*) aux 3es personnes.

546. Conclure.
- **Primitifs.** *Conclure*, *concluant*, *conclu*, je *conclus*, je *conclus*.
- *Exclure* a au participe passé *exclu* ou *exclus*.

547. Coudre.
- **Primitifs.** *Coudre*, *cousant*, *cousu*, je *couds*, je *cousis*.
- **Indic. Prés.** Je couds, tu couds, il *coud*, nous cousons, vous cousez, ils cousent.

548. Croître.
- **Primitifs.** *Croître*, *croissant*, *crû*, je *crois*, je *crus*.
- La lettre *û* au lieu de *u* au participe passé.
- La lettre *î* au lieu de *i* devant un *t*.
- *Accroître*, *décroître*, etc., de même.

549. DIRE.

Primitifs. *Dire, disant, dit,* je *dis,* je *dis.*

Indic. Prés. Je dis, tu dis, il dit, nous disons, vous *dites,* ils disent.

Contredire, interdire, médire, prédire, de même, mais sans l'exception du présent de l'indicatif.

Maudire a
- *maudissant.*
- nous *maudissons,* vous *maudissez,* ils *maudissent.*
- que je *maudisse,* que tu *maudisses,* etc.

550. ÊTRE.

Primitifs. *Être, étant, été,* je *suis,* je *fus.*

Indic. Prés. Je suis, tu es, il est, nous *sommes,* vous *êtes,* ils *sont.*

Futur. Je *serai,* tu *seras,* il *sera,* etc.

Condit. Prés. Je *serais,* tu *serais,* il *serait,* etc.

Impératif. *Sois, soyons, soyez.*

Subjonct. Prés. Que je *sois,* que tu *sois,* que nous *soyons,* etc.

551. FAIRE.

Primitifs. *Faire, faisant, fait,* je *fais,* je *fis.*

Indic. Prés. Je fais, tu fais, il fait, nous faisons, vous *faites,* ils *font.*

Futur. Je *ferai,* tu *feras,* il *fera,* nous *ferons,* vous *ferez,* ils *feront.*

Condit. Prés. Je *ferais,* tu *ferais,* il *ferait,* etc.

Subjonct. Prés. Que je *fasse,* que tu *fasses,* qu'il *fasse,* etc.

Parfaire n'a que *parfaire, parfait,* et les temps composés

552. FRIRE.	n'a que je *fris*, tu *fris*, il *frit*, sans pluriel. je *frirai*, tu *friras*, il *frira*, etc. je *frirais*, tu *frirais*, etc. *frit*, *frite*, et les temps composés.
553. OCCIRE.	n'a que *occire*, *occis* et les temps composés.
554. MOUDRE.	**Primitif.** *Moudre*, *moulant*, *moulu*, je *mouds*, je *moulus*. **Indic. Prés.** Je mouds, tu mouds, il *moud*, nous moulons, vous moulez, ils moulent.
555. PLAIRE.	**Primitifs.** *Plaire*, *plaisant*, *plu*, je *plais*, je *plus*. **Indic. Prés.** Je plais, tu plais, il *plaît*, nous plaisons, etc.
556. TAIRE.	**Primitifs.** *Taire*, *taisant*, *tû*, je *tais*, je *tus*. Le participe passé est *tû* avec accent circonflexe, mais seulement au masculin singulier.
557. TRAIRE.	**Primitifs.** *Traire*, *trayant*, *trait*, je *trais*, ». Il n'a pas de passé défini ni d'imparfait du subjonctif. *Abstraire*, *extraire*, *soustraire*, de même.
558. VAINCRE.	**Primitifs.** *Vaincre*, *vainquant*, *vaincu*, je *vaincs*, je *vainquis*. **Indic. Prés.** Je vaincs, tu vaincs, il *vainc*, nous vainquons, etc. Le composé *convaincre*, de même.

59. PRIMITIFS IRRÉGULIERS DONT LES DÉRIVÉS SE FORMENT RÉGULIÈREMENT.

BÉNIR, bénissant, béni, je bénis, je bénis. *Bénit*, *bénite*, signifiant *consacré*, est adjectif.

BOUILLIR, bouillant, bouilli, je bous, je bouillis.

COUVRIR, couvrant, couvert, je couvre, je couvris.

DORMIR, dormant, dormi, je dors, je dormis.
FUIR, fuyant, fui, je fuis, je fuis.
OFFRIR, offrant, offert, j'offre, j'offris.
OUVRIR, ouvrant, ouvert, j'ouvre, j'ouvris.
SERVIR, servant, servi, je sers, je servis.
SOUFFRIR, souffrant, souffert, je souffre, je souffris.
VÊTIR, vêtant, vêtu, je vêts, je vêtis.

PLEUVOIR, pleuvant, plu, il pleut, il plut.

CIRCONCIRE, circoncisant, circoncis, je circoncis, je circoncis.
CONFIRE, confisant, confit, je confis, je confis.
CROIRE, croyant, cru, je crois, je crus.
CUIRE, cuisant, cuit, je cuis, je cuisis.
LIRE, lisant, lu, je lis, je lus.
LUIRE, luisant, lui, je luis, ».
NUIRE, nuisant, nui, je nuis, je nuisis.
RIRE, riant, ri, je ris, je ris.
SUFFIRE, suffisant, suffi, je suffis, je suffis.
SUIVRE, suivant, suivi, je suis, je suivis.
VIVRE, vivant, vécu, je vis, je vécus.
...BATTRE, ...battant, ...battu, je ...bats, je ...battis.
...DUIRE, ...duisant, ...duit, je ...duis, je ...duisis.
...METTRE, ...mettant, ...mis, je ...mets, je ...mis.
...CRIRE, ...crivant, ...crit, je ...cris, je ...crivis.
...STRUIRE, ...struisant, ...struit, je ...struis, je ...struisis.
...ROMPRE, ...rompant, ...rompu, je ...romps, je ...rompis.

560. VERBES QUI NE S'EMPLOIENT QU'AU PRÉSENT DE L'INFINITIF.

FÉRIR (sans coup férir), APPAROIR et COMPAROIR (termes de procédure), COURRE (terme de chasse), SOURDRE (sortir de terre de terre, en parlant de l'eau).

RÉSUMÉ DE L'ORTHOGRAPHE DU VERBE.

561. Pour écrire le verbe, il faut suivre :
1° La PRONONCIATION (422).
2° La DÉRIVATION (423). Elle consiste à prendre dans l'infinitif du verbe que l'on écrit toutes les let-

tres que l'on peut y prendre sans changer la prononciation.

Il faut excepter les verbes dont l'infinitif est en ...*indre*, ou en ...*soudre*, ou en ...*tir*. Ceux-là ne prennent pas le *d* ni le *t* de l'infinitif. Ainsi, on écrit je *plains* et j'*absous* (sans *d*), je *sens* et je *pars* (sans *t*).

3° L'USAGE. Il consiste, pour le verbe personnel, dans les règles suivantes :

562. Le son É ou È, à la fin du verbe, se représente par *ai*. Exemples : *J'*AI. — *J'aimer*AI. — *Je* VAIS. — *Tu ét*AIS. — *Ils dis*AIE*nt*. — *On ess*AIE, etc.

Excepté : 1° A la 2e personne du pluriel, où ce son est représenté par *ez*. Exemples : *Vous all*EZ. — *Vous parl*EZ. 2° Lorsque la dérivation donne une autre lettre. Exemples : *Il agr*ÉE (*é* de *agréer*). — *Tu per*m*E*ts (*e* de *permettre*). — *Il si*E*d* (*e* de *seoir*), etc.

563. Le son O se représente par *au*, excepté *clore*. Exemples : *Il f*AUT. — *Je v*AUX. — *Il prév*AUT. — *Je clos*. — *Tu enclos*.

564. Le son AN se représente par *en*, excepté *épandre* et *répandre*. Exemples : *Tu ent*EN*ds*. — *Tu* SENS. — *Il se rep*ENT. — *Il rép*AND.

565. Le son AIN se représente par *ain* dans les verbes *plaindre*, *craindre*, *contraindre* et *vaincre*; par *ein* dans les autres verbes en ...*indre* autres que ...*oindre*, et par *in* dans les autres cas. Exemples : *Je me pl*AINS. — *Il me cr*AINT. — *Tu me conv*AINCS. — *Il f*EINT. — *Je dép*EINS. — *Le jour p*OINT. — *Il rev*INT. — *Je me cont*INS, etc.

566. Le son *u* se représente par *eu* dans le verbe *avoir*. Exemples : *J'ai* EU. — *Nous* EU*mes*. — *Que nous* EU*ssions*, etc.

Quant aux désinences grammaticales, elles dépendent de la PERSONNE et du NOMBRE.

567. La marque de la 1re personne du singulier est E, AI, X, S :

1° E :
- au prés. de l'indic. :
  - de la 1re conjugaison, excepté je *vais*.
  - des verbes *cueillir*, *tressaillir*, *ouvrir*, *couvrir*, *souffrir*.
- au subjonctif de tous les verbes autres que *être* (que je sois).

2° AI { au passé défini de la 1re conjugaison.
au futur absolu de tous les verbes.
au présent de l'indicatif du verbe *avoir*. }

3° X au présent de l'indic. de *pouvoir*, *vouloir*, *valoir*.

4° S dans tous les autres cas.

568. La marque de la 2e personne du singulier est E, X, S.

1° E à l'impér. { de la 1re conjugaison, excepté *va*.
de *cueillir*, *tressaillir*, *ouvrir*, *couvrir*, *souffrir*. }

Cependant c'est *es*, par euphonie, devant les pronons *y*, *en*.

2° X au présent de l'indic. de *pouvoir*, *vouloir*, *valoir*.

3° S dans tous les autres cas.

569. La marque de la 3e personne du singulier est E, A, C, D, T.

1° E au prés. { de l'ind. { de la 1re conjugaison, excepté *il va*.
de *cueillir*, *tressaillir*, *ouvrir*, *couvrir*, *souffrir*. }
du subjonctif, excepté *être* et *avoir*. }

2° A { au passé défini de la 1re conjugaison.
au futur absolu de tous les verbes.
au présent de l'indicatif de *aller*, *avoir*. }

3° C au présent de l'indic. de *vaincre*, *convaincre*.

4° D au prés. de l'indic. { des verbes en *dre* autres que *...indre*, *...soudre*.
de *seoir* et de ses composés : *Il sied*, *il assied*. }

5° T dans les autres cas.

570. La marque de la 1re du pluriel est *es* ou *ons*.
571. La marque de la 2e du pluriel est *es* ou *ez*.
572. La marque de la 3e du pluriel est *ent* ou *ont*.
} selon le son final.

573. INFINITIF. L'infinitif est invariable, et se termine par R OU RE.

574. PARTICIPE PRÉSENT. Il se termine toujours par ANT.

PARTICIPE PASSÉ. *Voir* les règles (302-304, 484-494).

CHAPITRE VI

MOTS INVARIABLES.

ADVERBES.

575. On écrit *ci* un adverbe qui est l'opposé de *là*, comme dans *Celui*-CI. — *Cette heure*-CI. Dans les autres cas il faut écrire *si*. Exemples : *Dieu est* SI *bon !* — SI *vous venez*.

576. L'adverbe *plutôt* marque la préférence. Exemple : PLUTOT *mourir que d'être esclave*. On écrit *plus tôt* (en deux mots) pour marquer le temps. Exemple : *J'arriverai* PLUS TOT *que vous*.

577. *Davantage* est un adverbe signifiant *plus*, comme dans *Je l'estime tous les jours* DAVANTAGE. Quand on écrit *d'avantage*, c'est pour *de avantage* (la préposition *de* et le nom commun *avantage*). Exemple : *Il n'y a pas* D'AVANTAGE *pour nous dans cette affaire*.

578. Les adverbes de manière ont ordinairement le son final *man*, lequel s'écrit *ment*. Ceux qui ont cette finale se forment par l'addition de *ment* :

1° Au masculin singulier de l'adjectif, quand ce masculin singulier est terminé par une voyelle, comme *sage*MENT, *poli*MENT.

Il faut excepter *aveuglément*, *conformément*, *uniformément*, *impunément*, *énormément*, *opiniâtrément*, *commodément*, *immensément*.

2° Au féminin singulier, quand le masculin singulier est terminé par une consonne. Exemples : *Heureuse*MENT. — *Grande*MENT.

Il faut excepter *confusément*, *expressément*, *opportunément*, *importunément*, *gentîment* (gentillement), *obscurément*, *précisément*, *communément*.

Ceux qui dérivent d'adjectifs en *ant*, ou *ent*, se forment en remplaçant *ant* par *amment* ou *ent* par *emment*. Exemples : *Sav*AMMENT. — *Prud*EMMENT.

Cependant *lente*MENT et *présente*MENT suivent la règle générale.

CONJONCTIONS.

579. *Quoique*, écrit en un seul mot, est une conjonction signifiant *bien que*, comme dans QUOIQUE *vous soyez riches, vous ne devez mépriser personne.*

580. Il n'y a pas de conjonction dans *quoi que*, en deux mots, signifiant *quelque chose que : quoi* est alors un pronom indéfini, et *que* un pronom relatif qui s'y rapporte. Exemple : QUOI QUE *vous puissiez dire, vous ne le persuaderez pas.*

581. On écrit *parce que*, en deux mots, une locution conjonctive signifiant *attendu que*, comme dans PARCE QUE *Dieu est juste, il récompensera les bons.*

On écrit en trois mots *par ce que* pour signifier *par la chose que*. Exemple : PAR CE QUE *vous me dites, je comprends qu'il y a peu d'espoir.*

582. *Quand* marque le temps. C'est alors un adverbe interrogatif ou une conjonction. On écrit *quant* dans les autres cas. Exemples : QUAND *viendra-t-il?* — QUAND *il pourra.* — QUANT *à moi, je l'ignore.*

INTERJECTIONS.

583. L'interjection AH! est une exclamation de joie, de douleur, ou d'admiration. Exemples : AH! *que je suis content!* — AH ! *nous sommes bien malheureux!* — AH ! *que ce trait est touchant!*

On écrit HA ! pour marquer la surprise, le désappointement. Exemples : HA ! *vous m'étonnez!* — HA ! *vous déconcertez tous mes plans!*

584. OH! marque la surprise et quelquefois l'affirmation. Exemples : OH! *qu'avez-vous fait?* — OH! *j'en suis certain.*

585. HO! sert à appeler. Exemple : HO! *arrivez donc!* Il diffère de la particule appellative *ô* en ce qu'il exprime l'appellation sans le secours d'un substantif, au lieu que *ô* n'a de sens que lorsqu'il est suivi d'un nom ou d'un pronom, comme dans O *mon Dieu!* — O *toi!* — O *vous que j'implore!*

586. HÉ! sert à appeler. Dans les autres cas, on écrit *eh!*

587. *Hé bien!* sert à interroger. Exemple : HÉ BIEN! *qu'en dites-vous?* Dans les autres cas, on écrit *eh bien!* Exemple : *Je lui avais donné un bon conseil :* EH BIEN! *il n'en a tenu aucun compte.*

CHAPITRE VII

EUPHONIES.

588. Les euphonies consistent dans certaines modifications que l'on fait subir aux mots pour rendre la prononciation plus douce et plus agréable.

Voici les principales :

1° EMPLOI DE L'ADJECTIF *mon*, *ton*, *son*, au lieu de *ma*, *ta*, *sa* (452).

2° EMPLOI DE L'ADJECTIF *cet* au lieu de *ce* (453).

3° TOUT adjectif au lieu de *tout* adverbe (468-4°).

4° ADJECTIF IMPARISYLLABIQUE avec *gens* (446).

5° ADJECTIF IMPARISYLLABIQUE avec des noms de choses de différent genre.

589. Quand un adjectif imparisyllabique se rapporte à plusieurs noms de différent genre, et représentant des choses, il ne s'accorde qu'avec le plus proche si celui-ci est féminin. Exemple : *Il a montré un courage et une prudence* ÉTONNANTE (*).

Dans ce cas, il est mieux, si le sens le permet, d'intervertir l'ordre des substantifs, ou de se servir d'un adjectif parisyllabique. Exemples : *Il a montré une prudence et un courage* ÉTONNANTS, ou *Il a montré un courage et une prudence* EXTRAORDINAIRES.

590. L' *euphonique*. On met *l'* devant *on* (l'on) pour éviter un HIATUS, c'est-à-dire, une espèce de bâillement produit dans la prononciation par la rencontre de deux sons, l'un à la fin d'un mot, l'autre au commencement du mot suivant. Au lieu de dire : *Je ne sais* OU ON *s'est caché*, il faut dire : *Je ne sais* OU L'ON *s'est caché*.

(*) L'oreille serait choquée si l'on disait *un courage et une prudence étonnants*, à cause de la rencontre d'un adjectif à désinence masculine avec un substantif féminin. Voilà la cause de cette exception à la 3e règle d'accord de l'adjectif (243).

Mais il ne faudrait pas employer *l'* s'il en devait résulter une CACOPHONIE, c'est-à-dire, une dureté de son provenant de la rencontre de deux mêmes consonnes, l'une à la fin d'un mot, l'autre au commencement du mot suivant. Ainsi, il serait trop dur de dire : *Je ne sais où* L'ON L'A *caché*.

Mieux vaut alors l'hiatus que la cacophonie.

L'euphonie *l'on* est très-fréquente après *que*, *lorsque*, *puisque*, *quoique*. Elle est défendue au commencement d'une phrase.

591. JUSQUES. On écrit *jusques* au lieu de *jusqu'* devant *à*, *au*, *aux*, *où*, quand il y a à craindre une cacophonie. Exemple : *Jusques à quand*, au lieu de *jusqu'à quand*.

Ce qu'il y a d'affecté dans cette euphonie la rend presque aussi désagréable que la cacophonie elle-même.

592. VERBES INTERROGATIFS. On ne dit pas *cours-je ?*, *dors-je ?*, etc., mais *est-ce que je cours ?*, *est-ce que je dors ?*, etc.

On ne dit pas non plus *aime-je ?* mais *aimé-je ?*, *dusse-je*, mais *dussé-je*, etc., en marquant d'un accent aigu *e* final du verbe, à la 1re personne du singulier (378, 381).

593. T *euphonique*. Après un verbe à la 3e personne du singulier, terminé par *a* ou par *e*, on met, entre deux tirets, un *t*, appelé EUPHONIQUE, devant *il*, *elle*, *on*. Exemples : *Pleuvra*-T-*il ?* — *Que pense*-T-*elle ?* — *Viendra*-T-*on ?*

Le *t* euphonique se met encore après *voilà* devant *il*. Exemple : *Ne voilà*-T-*il pas une belle affaire !*

594. S *euphonique*. La 2e personne du singulier de l'impératif de la 1re conjugaison se termine par *s* devant les pronoms adverbiaux *en*, *y*. Exemples : *Portes-en*. — *Portes-y*.

Cueillir, *ouvrir*, *couvrir*, *souffrir* et leurs composés suivent la même règle. Exemples : *Cueilles-en*. — *Cueilles-y*.

L'impératif *va* prend aussi *s* euphonique devant *y*. Exemple : *Vas-y*.

CHAPITRE VIII

SIGNES ORTHOGRAPHIQUES.

ACCENTS.

595. L'ACCENT AIGU ne se place que sur les *e* fermés non modifiés par une consonne, comme dans *vérité*, *vérités*.

s après *e* n'en modifie pas le son à la fin des mots, excepté dans les monosyllables *es*, *est*, *ces*, *des*, *les*, *mes*, *tes*, *ses*, où la voyelle se prononce *è*.

596. L'ACCENT GRAVE se met :

1° Sur les *e* ouverts non modifiés par une consonne, comme dans *mère*, *frère*.

2° Sur *e* des mots en *ès* composés de plus de trois lettres, comme *près*, *après*, *procès*, etc.

Si l'on n'y mettait l'accent, *e* s'y prononcerait muet, comme à la fin du mot HOMMES.

3° Comme signe de distinction sur *a* de l'adverbe *là;* de *çà*, adverbe et interjection; de *à* et de *voilà*, prépositions; sur *e* de *dès*, *lès*, *ès*, prépositions; et sur *u* de l'adverbe *où;* enfin, sur *a* de l'adverbe *déjà*.

597. L'ACCENT CIRCONFLEXE se place :

1° Sur des voyelles longues (61).

2° Sur la lettre *i* des verbes en *aître* et en *oître* quand cettre lettre est devant un *t*. Exemples : *Il paraît. — Cette plante croît à vue d'œil.*

3° Sur la voyelle qui précède le *t* final à la 3ᵉ personne du singulier de l'imparfait du subjonctif. Exemples : *Il faudrait qu'il s'appliquât. — Je désirerais qu'il vînt.*

4° Sur *a*, *i*, *u*, des finales *âmes*, *îmes*, *ûmes*, *înmes*, *âtes*, *îtes*, *ûtes*, *întes* à la 1ʳᵉ et à la 2ᵉ personne du pluriel du passé défini. Exemples : *Nous aimâmes, vous aimâtes; nous finîmes, vous finîtes; nous reçûmes, vous eûtes*, *nous vînmes, vous vîntes.*

Il faut excepter nous *haïmes*, vous *haïtes*, à cause du tréma.

5° Sur *o* de *nôtre*, *nôtres; vôtre*, *vôtres*, quand ils sont pronoms (le nôtre, la nôtre; le vôtre, les vôtres).

Notre et *votre* adjectifs ne prennent pas d'accent, et restent singuliers.

6° Comme signe de distinction sur *u* des participes *dû*, *tû*, *crû* (de croître), des adjectifs *mûr*, *sûr*.

Il faut remarquer, à propos de *dû*, *tû*, que ces deux participes ne prennent l'accent circonflexe qu'au masculin singulier, n'ayant plus besoin de signe de distinction quand ils sont au féminin ou au pluriel.

7° En général, pour remplacer *s* devant *t*, comme dans *forêt* (forestier), *arrêt* (arrestation), *fête* (feston), *août* (auguste), etc.

Remarques.

598. L'accent aigu de *é* fermé se change tantôt en accent grave, tantôt en accent circonflexe devant une syllable muette, et réciproquement. Exemples : *Poésie*, *poète; problématique*, *problème; extrémité*, *extrêmement.*

599. On ne met pas d'accent sur une voyelle modifiée par une consonne, comme *e* de *vertu, objet*, *effroi*, etc. Il faut excepter *bâillon*, *châssis* et les mots qui en dérivent, ainsi que la 3e personne du singulier de l'imparfait du subjonctif *...înt* (qu'il vînt, qu'il retînt, qu'il contînt, etc.).

600. On ne met pas d'accent sur *e* devant la consonne double *x*. C'est une application de la règle précédente. Exemples : *Exil*, *exhorter*.

TRÉMA.

601. Le TRÉMA est un signe de séparation qui se place :

1° Sur *i*, *u*, après *a*, *o* pour empêcher qu'on ne prononce *ai*, *au*, *oi*, *ou* en une seule syllable. Exemples : *Isaïe, égoïste*, *Antinoüs*, *Saül*, *haïr*, etc. (Isa-ie, égo-iste, Antino-us, Sa-ul, ha-ir).

2° Sur *e* à la fin des mots féminins en *guë* (gu-e) pour empêcher qu'on ne les prononce comme terminés par *gue* ainsi que *figue*. Exemples : *Ciguë*, *ambiguë*, etc. (cigu-e, ambigu-e) (*).

(*) Faut-il un tréma sur *e* de *poésie*, *poème*, *poète?* Non.
1° Parce que le tréma ne saurait remplacer un accent.

CÉDILLE.

Voir le n° 63.

APOSTROPHE.

602. L'APOSTROPHE est un signe d'élision qui sert à remplacer *a, e, i* à la fin de certains mots.

I. Elle remplace *a* seulement à la fin de *la* (article ou pronom) devant un mot commençant par une voyelle ou par *h* muet. Exemples : *Je crois que* L'*âme est immortelle.* — *J'étudie* L'*histoire.* — *C'est une bonne personne, chacun* L'*aime.*

A du pronom *la* ne s'élide que devant le verbe. Exemple : *Traitez*-LA *avec douceur.*

II. L'apostrophe remplace *e* :

1° A la fin des monosyllables qui ont le son *e*, comme *me, ne, te, se, de, que*, etc., devant un mot commençant par une voyelle ou par *h* muet. Exemples : *On* N'*aime pas l'égoïste parce* QU'*il* N'*aime que lui.*

E du pronom *le* ne s'élide que devant le verbe.

2° A la fin des conjonctions *lorsque, puisque, quoique*, seulement devant *il, elle, on, un une.* Exemples : *Lorsqu'*IL *vienda.* — *Puisqu'*ELLE *le veut.* — *Quoiqu'*ON *s'y oppose.* — *Lorsqu'*UN *homme vous trompe.* — *Puisqu'*UNE *mère l'ordonne*, etc.

3° A la fin de *entre, presque*, seulement dans les mots composés. Exemples : *Il faut s'*ENTR'AIDER. — *Une* PRESQU'ILE *est entourée d'eau excepté d'un côté.*

4° A la fin de l'adjectif *quelque* devant *un, une, autre.* Exemples : *Quelqu'*UN *me l'a dit.* — *Quelqu'*AUTRE *le sait.*

5° A la fin de *jusque* devant *à, au, aux, où, ici.* Exemples : *Jusqu'*A *midi.* — *Jusqu'*AU *ciel.* — *Jusqu'*AUX *nues.* — *Jusqu'*OU. — *Jusqu'*ICI.

2° Parce que l'accent remplace parfaitement le tréma.

C'était bon à l'époque où l'on écrivait *oe* au lieu de *œ*. Alors *poesie, poeme* se seraient lus *pœsie, pœme.* On comprend qu'il fallût indiquer la séparation des deux voyelles ; mais aujourd'hui qu'elles sont forcément séparées par le fait seul qu'on ne les écrit pas *œ*, c'est l'accent, non le tréma que l'on doit employer.

Quelquefois c'est une consonne qui produit la séparation (599). Exemples : *Noel*, *Joel*, etc. ; et, pour la même raison, *Israel, Ismael*, etc., etc.

A moins de cacophonie. Alors on écrit *jusques* (591).

6° Dans l'adverbe composé *aujourd'hui*, et les noms *prud'homme*, *prud'homie*.

7° A la fin de l'adjectif féminin *grande*, quoique devant une consonne, dans les noms composés. Exemples : *Grand'mère*, *grand'mères* (au pluriel) ; *grand'croix ; grand'messe*, *grand'messes ; grand'peur*, *grand'peine*, *grand'pitié*, *grand'merci*, etc.

III. L'apostrophe remplace *i* seulement à la fin de *si* devant *il*, *ils*. Exemples : *S'*IL *le veut*, *j'y consens*. — *S'*ILS *viennent*, *ils nous feront plaisir*.

TRAIT D'UNION.

603. Le TRAIT D'UNION, ou tiret, se place :

1° Entre les différents membres des mots composés, tels que *arc-en-ciel*, *serre-tête*, *clair-obscur*, *moi-même*, *quelques-uns*, *s'entre-tuer*, *quatre-vingts*, etc. Excepté lorsqu'il y a une apostrophe, comme dans *chef-d'œuvre*, *s'entr'aider*, *presqu'île*, *grand'messe*, etc.

REMARQUE. *Saint* avec le nom qui suit, forme un nom composé lorsque cette expression ne représente pas le saint lui-même. Ainsi, il faut écrire avec tiret *la rue Saint-Louis*, et sans tiret *le roi saint Louis*.

2° Après le verbe devant les pronoms personnels *je*, *moi*, *nous* ; *tu*, *toi*, *vous* ; *il*, *ils* ; *elle*, *elles* ; *le*, *lui*, *leur*, *en*, *y*, *ce*, *on*, quand ces pronoms en sont ou sujets, ou compléments. Exemples : *Que dis*-JE ? — *Où vas*-TU ? — *Allez*-Y. — *Va*-T'EN. — *Donnez*-MOI *cela*. — *Portez*-LE-LUI.

3° Entre *ci*, *là* et le mot auquel ils sont unis. Exemples : *Celui-ci*, *celui-là ; celle-ci*, *celle-là ; cet homme-ci*, *cet homme-là ; ci-dessus*, *ci-inclus*.

Il faut excepter *ceci*, *cela ; voici*, *voilà*.

4° Entre *même* et un pronom précédent, pourvu que ce pronom soit *moi*, *toi*, *lui*, *elle*, *nous*, *vous*, *eux*, *elles*, *soi*. Exemples : *Moi-même*, *vous-même*, *soi-même*, etc.

5° Entre des adjectifs de nombre formant une expression composée par la suppression de *et* devant les quantités ajoutées aux dizaines au-dessous de cent. Exemples : *Dix-huit*, *vingt-six*, *soixante-neuf*, *soixante-douze*, *soixante-dix-huit*, etc.

Il faut y ajouter *quatre-vingts* et *quinze-vingts*, qui sont aussi des expressions composées.

6° Après une ou plusieurs syllabes d'un mot à la fin d'une ligne quand on est obligé de porter un reste de ce mot à la ligne suivante.

Remarques.

I. Le tiret devant se mettre entre deux parties d'un même mot, on ne peut le mettre après un mot entier, lors même que ce mot fait partie d'une expression composée, comme, par exemple, entre *moi* et *même* (moi-même); ou bien il faut l'employer double (=). Dans ce cas, à la fin de la ligne on écrirait *moi* = , et, au commencement de la ligne suivante, *même* (414).

II. La ligne doit se terminer par une syllabe entière. Dès lors, on ne peut couper le mot ni après ni avant la double consonne *x*, pas plus qu'entre les doubles ordinaires (bl, br, cl, cr, phl, phr, etc.), ou entre deux voyelles soit composées, soit diphthongues (ai, ay, oi, oy, au, eu, on, ain, etc.).

Trait de séparation.

Voir le n° 66.

PONCTUATION.

604. La PONCTUATION sert à DIVISER plus ou moins le discours écrit, selon que les parties en sont plus ou moins distinctes dans le discours lui-même et dans la pensée.

605. Les signes de ponctuation sont, en montant du plus faible au plus fort, la *virgule*, le *point avec vigule*, les *deux points* et le *point* simple.

On y a ajouté le *point interrogatif*, le *point exclamatif*, les *points suspensifs*, la *parenthèse* et les *guillemets*.

606. Le point interrogatif, le point exclamatif et les points suspensifs servent tout à la fois à ponctuer, et à indiquer la nature des expressions qu'ils accompagnent. Comme signes de ponctuation, ils tiennent lieu ou de la virgule, ou du point avec virgule, ou des deux points, ou du point simple.

Virgule.

607. La VIRGULE s'emploie pour séparer dans la phrase les parties SÉPARABLES les plus simples. Exemples : *La fortune, le plaisir, la santé deviennent des maux pour qui ne sait pas en user. — Fuyez l'oisiveté, qui est la mère de tous les vices.*

608. Une partie de phrase est séparable quand elle ne tient pas essentiellement au membre qui précède, ce que l'on reconnaît à la possibilité de la retrancher sans que ce membre précédent change de nature (*).

Point avec virgule et deux points.

609. Quand les membres de phrase sont composés, c'est-à-dire, formés de parties secondaires, on ne met la virgule qu'entre ces parties secondaires dont les membres principaux sont composés, et l'on sépare les membres principaux eux-mêmes par l'un des signes immédiatement plus forts que la virgule, c'est-à-dire par le POINT AVEC VIRGULE ou par les DEUX POINTS :

(*) Ainsi, dans l'exemple *La fortune, le plaisir, la santé deviennent des maux pour qui ne sait pas en user*, le mot *plaisir* peut se détacher de *fortune* qui précède, et *santé* de *plaisir*.

Dans la phrase *La terre, qui est une bonne mère, nourrit sans peine tous ses habitants qui la cultivent par le travail*, le membre de phrase *qui est une bonne mère* n'est pas indispensable à *terre*, qui précède ; car *terre*, après la suppression de cette proposition, conserve la signification générale qu'il avait avant.

Mais il n'en est pas de même du dernier membre de phrase *qui la cultivent par le travail ;* celui-là tient à *habitants* auquel il se rapporte, de telle sorte que, si on le supprime, *habitants* change de nature ; car de particulier qu'il était, il devient général.

On regarde comme inséparables deux membres joints par une conjonction copulative, quand ces membres sont :

1° Deux substantifs, comme dans *C'est le travail et la vertu qui nous rendent heureux.*

2° Deux adjectifs, comme dans *Il était sage et mesuré. — Ils ne sont ni sots ni méchants.*

3° Deux verbes, comme dans *Il travaille et réussit.*

4° Deux adverbes, comme dans *Vous parlez peu mais bien.*

En un mot, deux parties semblables de phrase ou de proposition.

Excepté lorsque le second membre se distingue du précédent par quelque chose qui lui est particulier. Ainsi dans cette phrase *J'étudie l'histoire et la géographie de la France*, si l'on veut dire l'histoire *de la France* et la géographie *de la France*, il ne faut pas de virgule entre *histoire* et *géographie ;* mais si l'on veut dire l'histoire *en général* et la géographie *de la France*, il faut une virgule après *histoire*, malgré la conjonction.

1° Par le point avec virgule lorsque ce qui suit ajoute à ce qui précède.

2° Par les deux points lorsque ce qui suit développe ou résume ce qui précède (*).

(*) Prenons pour exemple cette phrase-ci : *La religion et la raison nous disent : Fuyez l'oisiveté, qui est la source de tous les vices; recherchez le travail qui est la sauve garde de toutes les vertus, et aimez votre prochain comme vous-même : voilà l'abrégé de la loi divine et de la sagesse humaine.*

Cette phrase se compose de cinq parties principales :

1° *La religion et la raison nous disent :*

2° *Fuyez l'oisiveté, qui est la source de tous les vices.*

3° *Recherchez le travail, qui est la sauve garde de toutes les vertus.*

4° *Aimez votre prochain comme vous-même.*

5° *Voilà l'abrégé de la loi divine et de la sagesse humaine.*

La première partie principale renferme deux parties secondaires : la *religion* et la *raison;* mais elles sont inséparables étant unies par *et :* ainsi, pas de virgule.

La deuxième partie principale se compose aussi de deux parties seconcondaires :

1° *Fuyez l'oisiveté.*

2° *Qui est la source de tous les vices.*

Comme la seconde peut se détacher de l'autre sans que le mot *oisiveté* auquel elle se rapporte, soit altéré, il faut la séparer par la virgule.

Mais voilà que des deux premières parties principales, la seconde se trouve subdivisée par la virgule ; c'est donc un signe de séparation plus fort qu'il faut entre les deux principales elles-mêmes. Nous mettrons les deux points parce que la seconde, avec les suivantes, contribue à développer la première.

La troisième partie principale se compose aussi de deux parties secondaires :

1° *Recherchez le travail.*

2° *Qui est la sauve garde de toutes les vertus.*

Nous mettons la virgule entre ces deux parties secondaires pour la même raison que tout à l'heure. Mais c'est le point avec virgule qui séparera cette principale de la précédente, parce qu'elle y ajoute une idée nouvelle et distincte.

La quatrième partie principale se trouve comme les précédentes composée de deux parties secondaires :

1° *Aimez votre prochain.*

2° *Comme vous-même.*

Mais elles sont inséparables, comme l'indique le sens ; ainsi, pas de virgule. Quant à la partie principale elle-même, nous la séparerons de la précédente par le point avec virgule, comme tout à l'heure, et pour la même raison.

Enfin, la cinquième partie principale présente un résumé des trois précédentes : nous la séparerons donc par les deux points; et nous ne mettrons rien entre ses deux parties secondaires parce que ce sont deux compléments semblables joints par une conjonction.

Mécaniquement, les deux points s'emploient :

1° Pour annoncer des paroles citées. Ils tiennent lieu du mot *savoir*. Exemple : *Jésus disait à ses disciples* : CHERCHEZ ET VOUS TROUVEREZ.

2° Pour annoncer une conséquence ou un principe. Ils tiennent alors la place du mot *ainsi* ou du mot car. Exemples : *Dieu est juste : il récompensera les bons. — Fuyez l'oisiveté : elle est la mère de tous les vices.*

3° Pour annoncer une énumération, pourvu qu'elle ne soit pas déjà annoncée par le verbe *être*. Ainsi, l'on met les deux points devant l'énumération dans *Il y a neuf espèces de mots : le nom, l'article, le pronom, etc.;* mais on ne les met pas dans *Il y a neuf espèces de mots, qui sont le nom, l'article*, etc.

Point.

610. Le POINT se place à la fin d'un *alinéa*, d'une *phrase*, d'une *abréviation*.

611. On appelle ALINÉA une ou plusieurs phrases servant à développer soit un sujet ou une division du sujet, soit un point de vue particulier sous lequel on envisage le sujet ou une de ses divisions ou subdivisions. Exemples :

Le style est la manière dont chacun rend ses pensées. Il y a, à proprement parler, autant de styles que d'écrivains ; cependant, comme toutes les matières que l'on traite, sont dans un genre simple, ou dans un genre élevé, ou dans un genre moyen, on peut dire qu'il n'y a que trois espèces générales de style : le style simple, le style sublime, le style tempéré.

Le style simple s'emploie dans les entretiens familiers, dans les lettres, dans les fables. Il doit être pur, clair, sans ornement apparent.

Le style sublime se fait remarquer par l'élévation des pensées, la noblesse des tours et la magnificence des expressions.

Le style tempéré, qu'on appelle aussi style fleuri, tient le milieu entre le style simple et le style sublime. Il joint à l'élégance et à l'agrément un air facile qui déguise l'étude et la gêne.

612. On appelle PHRASE (3) l'expression d'une pensée complète. Exemple : *Numa succéda à Romulus ; il s'appliqua à adoucir par la religion les mœurs féroces des Romains.*

613. Le point ABRÉVIATIF ne dispense pas des autres signes de ponctuation. Il faut excepter le point simple. Exemple : Il y a neuf espèces de mots : le *nom*, l'*art.*, le *pron.*, l'*adj.*, le *verbe*, la *prép.*, la *conj.* et l'*interj.*

614. Le point INTERROGATIF se place après une interrogation, comme dans *Hé bien? qu'en dites-vous?*

615. Le point EXCLAMATIF s'emploie après les expressions et les phrases exclamatives, comme dans *Hélas! que je suis malheureux!*

616. Les points SUSPENSIFS servent à représenter dans le discours écrit des idées qu'une trop forte émotion empêche d'exprimer, comme dans *Que les Dieux puissent te... mais les dieux ne m'écoutent pas.*

617. La PARENTHÈSE sert à renfermer des réflexions explicatives formant une interruption au cours naturel de la phrase, comme dans *La vertu doit être (du moins je le crois) le premier titre à l'estime des hommes.*

618. Les GUILLEMETS sont de petits crochets qui se mettent au commencement et à la fin d'une citation directe. Exemples : « Le paresseux ne doit accuser que lui-même de sa misère : la paresse rend tout difficile, le travail rend tout aisé, » a dit Franklin. « La paresse, dit-il encore, va si lentement que la pauvreté l'atteint bientôt. »

CHAPITRE IX

LISTES ET TABLEAUX DIVERS.

619. NOMS A DEUX GENRES.

Amour, délice, orgue	au singulier	*m*
	au pluriel	*f*
Aide	celui, celle qui aide	*m.*
	secours	*f.*
Aigle	oiseau, personnage	*m.*
	enseigne	*f.*

Aune	arbre	*m.*
	mesure	*f.*
Automne	facultatif, mieux	*m.*
Barde	poète	*m.*
	tranche de lard	*f.*
Basque	habitant de la Biscaie	*m.*
	d'habit	*f.*
Cartouche	ornement d'architecture	*m.*
	charge d'un fusil	*f.*
Coche	voiture	*m.*
	entaille	*f.*
Cornette	officier	*m.*
	coiffure	*f.*
Couple	(442).	
Crêpe	tissu léger	*m.*
	pâte cuite	*f.*
Elève, enfant, ange, esclave, selon le sexe.		
Écho	son	*m.*
	nymphe	*f.*
Enseigne	officier	*m.*
	marque, drapeau	*f.*
Espace	étendue	*m.*
	d'imprimerie	*f.*
Exemple	ordinairement	*m.*
	d'écriture	*f.*
Foudre	(445).	
Fourbe	trompeur	*m.*
	tromperie, trompeuse	*f.*
Garde	gardien	*m.*
	troupe, action de garder, gardienne	*f.*
Gens	(446).	
Greffe	dépôt de registres	*m.*
	action de greffer	*f.*
Guide	conducteur	*m.*
	rêne pour conduire	*f.*
Hymne	(447).	
Interligne	espace entre deux lignes	*m.*
	lame pour espacer	*f.*
Laque	vernis de Chine	*m.*
	gomme	*f.*
Livre	volume	*m.*
	poids	*f.*
Loutre	chapeau, manchon	*m.*
	amphibie	*f.*
Manche	d'un instrument	*m.*
	d'un vêtement	*f.*
Manœuvre	ouvrier	*m.*
	mouvement, agrès, art de manœuvrer	*f.*
Mémoire	écrit, compte	*m.*
	faculté de l'âme	*f.*

Mode	en grammaire, en musique.	*m.*
	forme des vêtements	*f.*
Moule	pour mouler.	*m.*
	coquillage.	*f.*
Mousse	jeune matelot	*m.*
	herbe, écume	*f.*
Œuvre	la pierre philosophale.	*m.*
	ouvrage.	*f.*
Office	devoir, emploi, service divin.	*m.*
	partie de la cuisine.	*f.*
Ombre	poisson, jeu (hombre).	*m.*
	obscurité, appui, mânes.	*f.*
Orge	perlé, mondé	*m.*
	dans les autres cas.	*f.*
Page	jeune gentilhomme.	*m.*
	côté d'un feuillet.	*f.*
Pâque	ou *Pâques*, fête des chrétiens (sans article). .	*m.*
	fête des juifs.	*f.*
Pâques	dévotions chez les chrétiens; *pâques fleuries*, *pâques closes*	*f. pl.*
Parallèle	comparaison.	*m.*
	ligne	*f.*
Période	le plus haut point.	*m.*
	espace de temps, phrase.	*f.*
Plane	arbre	*m.*
	instrument.	*f.*
Poêle	fourneau, drap mortuaire, dais.	*m.*
	ustensile pour frire.	*f.*
Poste	pour la troupe, la troupe elle-même	*m.*
	pour les lettres.	*f.*
Pourpre	maladie, coquillage.	*m.*
	teinture.	*f.*
Quadrille	danse, musique, jeu.	*m.*
	troupe à cheval	*f.*
Relâche	repos.	*m.*
	lieu où s'arrêtent les vaisseaux.	*f.*
Remise	voiture	*m.*
	hangar, délai.	*f.*
Serpentaire	constellation	*m.*
	plante.	*f.*
Solde	complément de paiement.	*m.*
	paie des soldats	*f.*
Somme	durée du sommeil.	*m.*
	quantité, fardeau.	*f.*
Souris	action de sourire.	*m.*
	animal	*f.*
Tour	circuit, tour de tourneur, de couvent. . . .	*m.*
	bâtiment.	*f.*
Triomphe	honneur, victoire.	*m.*
	jeu.	*f.*

Trompette	celui qui joue de la trompette	*m.*
	instrument.	*f.*
Vase	ustensile.	*m.*
	bourbe	*f.*
Voile	pour se couvrir	*m.*
	de vaisseau	*f.*

620. HOMONYMES.

As, *a*, verbes. *A*, préposition. *Ah! ah!* interjections.

Abbesse, religieuse. *Abaisse*, pâte aplatie. Verbe *abaisser*.

Abbé, religieux, prêtre. *Abée* de moulin (voie par où l'eau s'échappe).

Accord, harmonie. *Accort*, adjectif.

Agate, pierre précieuse. *Agathe*, nom de femme.

Aiguayer ou *aigayer*, mouiller d'eau. *Égayer*, rendre gai.

Aile d'oiseau. *Elle*, pronom. Verbe *héler*.

Anglet, cavité à angles droits. *Anglais*, peuple.

Aine, partie du corps. *Haine*, aversion. *Aisne*, rivière.

Air, fluide. *Aire*, nid de l'aigle, lieu où l'on bat le blé. *Ère*, époque. *Haire*, cilice. *Hère*, pauvre, misérable. Verbe *errer*.

Ais, planche, support. *Haie*, clôture. *Eh! eh!* interjections. Verbe *avoir*. Verbe *être*.

Alène, poinçon. *Haleine*, respiration.

Allaiter, nourrir de lait. *Haleter*, respirer péniblement.

Amande, fruit. *Amende*, peine pécuniaire. Verbe *s'amender*.

Ami, lié d'amitié. *Amict*, vêtement sacerdotal. *Ammi*, plante.

An, année. *En*, préposition et pronom.

Anche, tuyau. *Hanche*, partie du corps.

Ancre de navire. *Encre* pour écrire. Verbe *ancrer*.

Antre, caverne. *Entre*, préposition. Verbe *entrer*.

Août, mois. *Houx*, plante. *Houe*, instrument. *Où*, adverbe. *Ou*, conjonction.

Appât, amorce. *Appas*, charmes.

Apprêt, préparatif. *Après*, préposition.

Arras, ville. *Haras*, parc pour chevaux.

Arc, partie de circonférence. *Arques*, ville. Verbe *arquer*.

Arrhes, gage, à-compte. *Art*, science. *Hart*, lien. *Are*, surface. *Ars*, jambes du cheval. *Ars*, *arse*, adjectif. Verbe *arrher*.

Athée, impie. Verbe *hâter*.

Au, *aux*, articles. *Aulx*, pluriel de *ail*. *Haut*, élevé. *Os*, la substance osseuse. *Oh! oh!* interjections. *O*, particule vocative.

Aude, rivière. *Ode*, poème.

Auspice, présage, protection. *Hospice*, hôpital.

Autan, vent. *Autant*, adverbe.

Auteur, créateur, cause. *Hauteur*, élévation, fierté.

Autrefois, adverbe. Une *autre fois* : l'adjectif *autre* et le nom *fois*.

Avent, temps avant Noel. *Avant*, préposition.

Bai, rouge brun. *Baie*, petit fruit, rade. Verbe *bayer*.

Bal, danse. *Balle*, boule, ballot. *Bâle*, ville.

Balai, pour balayer. *Ballet*, danse. Verbe *balayer*.

Ban, publication. *Banc*, siége.

Bas, vêtement pour le pied et la jambe. *Bât*, selle. *Bas*, adjectif. *Bah!* interjection.

Basilic, serpent. *Basilique*, église.

Batiste, toile. *Baptiste*, nom d'homme.

Baux, pluriel de *bail*. *Beau*, adjectif.

Bête, animal, sot. *Bette*, plante.

Biais, ligne oblique, moyen. *Biez*, canal.

Bond, de bondir. *Bon*, valeur en papier. Adjectif.

Bonace, calme de la mer. *Bonasse*, adjectif.

Boue, fange. *Bout*, extrémité.

Brick, navire. *Brique*, plaque en terre cuite.

Brocard, injure. *Brocart*, étoffe.

But, où l'on vise. *Butte*, élévation servant de but. Verbe *butter*.

Çà, adverbe et interjection. *Ça*, pour *cela*. *Ç'a*, pour *ce a*. *Sa*, adjectif. *Sas*, tamis.

Cal, durillon. *Cale*, fond du vaisseau, talus, morceau de bois plat pour caler. Verbe *Caler*.

Camp, où l'on campe. *Quand*, conjonction et adverbe de temps. *Quant à*, locution prépositive. *Caen*, ville. *Kan*, chef tartare. *Qu'en*, pour *que en*.

Canaux, pluriel de *canal*. *Canot*, bateau.

Cane, femelle du canard. *Canne*, jonc, roseau, bâton.

Cahot, secousse. *Chaos*, confusion.

Cap, pointe de terre dans la mer, tête. *Cape*, vêtement.

Carte, papier. *Quarte*, terme de jeu et d'escrime, adjectif.

Ce, pronom et adjectif démonstratif. *Se*, pronom réfléchi.

Céans, ici dedans. *Séant*, partie du corps, participe présent, adjectif verbal.

Ceint, de ceinture. *Sain*, de santé. *Saint*, de sainteté. *Sein*, partie du corps, intérieur. *Seing*, signature, cachet. *Cinq*, nombre. Verbe *ceindre*.

Céler, cacher. *Seller*, mettre la selle. *Sceller*, mettre le sceau.

Céleri, plante. *Sellerie*, lieu où l'on tient les selles, les harnais.

Celle, pronom. *Selle*, siége. Verbe *céler*. Verbe *seller*. Verbe *sceller*.

Cène, dernier repas de J.-C. *Saine*, féminin de *sain*. *Scène*, action, représentation, théâtre. *Seine*, fleuve.

Cent, nombre. *Sang*, des veines. *Sans*, préposition. *Sens*, faculté, côté d'une chose. *Cens*, impôt, recensement. *S'en*, pour *se en*. *C'en*, pour *ce en*. Verbe *sentir*.

Cerf, quadrupède. *Serf*, homme en servitude. Verbe *servir*. Verbe *serrer*.

Cession, action de céder, chose qu'on cède. *Session*, période des assemblées d'un corps délibérant.

Cet, *ces*, adjectifs démonstratifs. *Ses*, adjectif possessif. *Saie*, vêtement. *Cep*, pied de vigne. *Sept*, nombre. *C'est*, pour *ce est*. *S'est*, pour *se est*. Verbe *savoir*.

Chaîne, lien. *Chêne*, arbre.

Chair, muscles. *Chaire*, où l'on prêche. *Chère*, repas. *Cher*, *chère*, adjectif. *Cher*, rivière.

Champ, de *champêtre*. *Chant*, de *chanter*.

Chas, trou de l'aiguille. *Chat*, animal.

Chasse, action de chasser. *Châsse*, reliquaire.

Chassie, humeur aux yeux. *Châssis*, cadre.

Chaux, pierre calcinée. *Chaud*, adjectif.

Chœur, troupe chantante, lieu de l'église où se chante l'office. *Cœur*, partie du corps de l'animal, courage, amour-propre.

Chrème, huile consacrée. *Crème*, partie la plus grasse du lait.

Chute, action de tomber. *Chut!* interjection.

Ci, adverbe de lieu. *Si*, adverbe de degré et conjonction. *Scie*, pour scier. *Six*, nombre. *S'y*, pour *se y*. Verbe *scier*.

Cire, pour cirer ou pour cacheter. *Sire*, titre donné aux souverains. Verbe *cirer*.

Claie, tissu d'osier. *Clé*, de serrure.

Clair, de clarté. *Clerc*, tonsuré, commis de légiste.

Clause, condition. *Close*, féminin de *clos*.

Coi, adjectif. *Quoi*, pronom.

Coin, angle, objet angulaire. *Coing*, fruit.

Colle, pour coller. *Col*, cou, passage étroit. Verbe *coller*.

Comte, titre. *Compte*, calcul. *Conte*, récit. Verbe *compter*. Verbe *conter*.

Content, satisfait. *Comptant*, de *compter*.

Convaincant, adjectif. *Convainquant*, participe présent.

Coq, oiseau. *Coque*, coquille d'œuf.

Cor, instrument, durillon. *Corps*, tout objet matériel.

Côte, os, rivage. *Cotte*, vêtement. *Cote*, marque, part d'impôt. *Quote*, adjectif (quote-part). Verbe *coter*.

Cou, col. *Coup*, choc. *Coût*, prix.

Cour, nom féminin. *Cours*, nom masculin. *Court*, adjectif. Verbe *courir*.

Craint, participe. *Crin*, poil allongé. Verbe *craindre*.

Cri, de *crier*. *Cric*, machine. Verbe *crier*.

Cru, adjectif, participe de *croire*. *Crû*, nom masculin, participe de *croître*. *Crûe*, féminin, soit nom, soit participe de *croître*. Verbe *croire*. Verbe *croître*.

Cuir, peau préparée. *Cuire*, infinitif.

Cygne, oiseau. *Signe*, manifestation d'une idée.

Dais, poêle en ciel de lit. *Des*, article. *Dès*, préposition. *Dé*, à jouer ou à coudre. *Dey*, dignité.

Dans, préposition. *dent*, de la mâchoire. *D'en*, pour *de en*.

Date, époque. *Datte*, fruit.

Dégoûter, de *dégoût*. *Dégoutter*, de *goutte*.

Dessein, résolution. *Dessin*, art.

Différent, adjectif. *Différend*, substantif. *Différant*, participe.

Dont, pronom. *Donc*, adverbe et conjonction. *Don*, présent, titre. *Dom*, titre religieux.

Du, article. *Dû*, participe masculin singulier. *Due*, *dues*, participes féminins. *Dus*, participe masculin pluriel. Verbe *devoir*.

Écho, son répercuté. *Écot*, quote-part d'un convive.

Effort, tentative. *Éphore*, magistrat lacédémonien.

Enter, greffer. *Hanter*, fréquenter.

Étain, métal. *Étaim*, laine fine cardée. *Éteint*, participe. Verbe *éteindre*.

Être, infinitif. *Hêtre*, arbre.

Eux, pronom. *Œufs*, pluriel de *œuf*. *Eu*, ville.

Exaucer, écouter. *Exhausser*, élever.

Fabricant, nom et adjectif. *Fabriquant*, participe présent.

Faim, besoin de manger. *Fin*, terme, adroit. *Feint*, participe. Verbe *feindre*.

Faire, infinitif. *Fer*, métal.

Faîte, cime, sommet. *Fête*, solennité. *Faite*, féminin de *fait*. Verbe *faire*.

Faix, fardeau. *Fait*, action. Verbe *faire*.

Fard, cosmétique. *Phare*, fanal.

Fatigant, adjectif. *Fatiguant*, participe présent.

Fausse, masculin de *faux*. *Fosse*, trou dans la terre. Verbe *fausser*.

Fil, de *filer*. *File*, suite d'objets. Verbe *filer*.

Flan, nourriture. *Flanc*, côté.

Foi, vertu, confiance. *Foie*, nom masculin. *Fois*, circonstance de temps. *Foix*, ville.

Fond, l'endroit le plus bas. *Fonds*, biens en terres, en marchandises ou en argent. *Fonts* de baptême. Verbe *fondre*. Verbe *faire*.

Forêt, bois. *Foret*, instrument pour forer.

Frai, œufs de poisson, de

grenouille. *Frais*, dépenses, masculin de *fraîche*. *Fret*, de *fréter*. Verbe *frayer*.

Gai, adjectif. *Guet*, patrouille, garde. *Gué*, passage dans un cours d'eau.

Gant, pour la main. *Gand*, ville.

Gaz, fluide. *Gaze*, étoffe légère. Verbe *gazer*.

Geai, oiseau. *Jais*, minéral. *Jet*, de jeter. Verbe *avoir*.

Gent, race. *Gens*, personnes. *Jean*, nom d'homme. *J'en*, pour *je en*.

Grace, agrément. *Grâce*, bienfait, reconnaissance. *Grasse*, féminin de *gras*. *Grasse*, ville.

Graisse, substance grasse. *Grèce*, pays. Verbe *graisser*.

Grès, pierre. *Gray*, ville. *Gré*, volonté.

Guerre, nom féminin. *Guère* et *guères*, peu.

Hache, instrument. *Ache*, plante. Verbe *hacher*.

Heur, heureuse chance. *Heure*, fraction du jour. *Heurt*, choc.

Hors, dehors, excepté. *Or*, métal, conjonction.

Hôte, qui loge ou qui est logé. *Hotte*, panier. *Haute*, féminin de *haut*. Verbe *ôter*.

Huis, porte. *Huit*, nombre.

Hune, terme de marine. *Une*, féminin de *un*.

Il, ils, pronoms. *Ile* ou *île*, nom féminin.

Jarre, vase. *Jars*, mâle de l'oie.

Jeûne, abstinence. *Jeune*, peu âgé. Verbe *jeûner*.

La, article et pronom. *Là*, adverbe. *Las*, masculin de *lasse*. *Lacs*, nœuds. *Las!* interjection.

Lac, pièce d'eau. *Laque*, gomme, vernis.

Lai, laïque. *Laid*, difforme. *Laie*, femelle du sanglier. *Lait*, de laitage. *Lé*, largeur d'étoffe.

Lard, de larder. *Lares*, dieux mythologiques. *L'art* pour *le art*.

Lent, tardif. *Laon*, ville. *L'an*, pour *le an*. *L'en*, pour *le en*.

Lest, poids. *Leste*, léger. *L'est*, pour *le est*.

Leur, adjectif et pronom. *Leurre*, nom masculin. *L'heure* pour *la heure*. Verbe *leurrer*.

Lice, nom féminin. *Lisse*, adjectif. *Lis*, plante. Verbe *lisser*.

Lit, couche. *Lie*, sédiment. Verbe *lire*. Verbe *lier*.

Lieu, nom masculin. *Lieue*, mesure de chemin.

Lion, animal. *Lyon*, ville. Verbe *lier*.

Lire, infinitif. *Lyre*, instrument. *L'ire* pour *la ire* (la colère).

Loch, potion. *Loque*, haillon.

Loir, animal, rivière. *Loire*, fleuve.

Lord, titre. *Lors*, adverbe. *L'or*, pour *le or*. *Laure*, nom de femme.

Lotte, poisson. *Lot*, rivière. *L'hôte* pour *le hôte*. Verbe *ôter*.

Lut, enduit. *Luth*, instrument.

Lutte, exercice, combat. Verbe *luter*. Verbe *lutter*.

Ma, adjectif possessif. *Mât* de navire. *M'a*, pour *me a*. *M'as*, pour *me as*.

Mai, mois. *Mais*, conjonction.

Mes, adjectif. *Mets*, nourriture. *M'es*, *m'est*, *m'ait*, etc. Verbe *mettre*.

Mail, cours. *Maille* de filet. *M'aille*, *m'ailles*, etc.

Main, partie du corps. *Maint*, adjectif. *Mein*, rivière.

Maire, titre. *Mère*, qui a des enfants. *Mer*, eau.

Maître, qui commande, qui possède. *Mètre*, mesure. *Mettre*, infinitif.

Mal, opposé de bien. *Mâle*, adjectif. *Malle*, nom féminin.

Mânes, dieux, ombres. *Manne*, drogue, panier.

Mante, vêtement. *Menthe*, plante. *Mantes*, ville.

Marc, résidu. *Marre* d'eau.

Mari, époux. *Marri*, adjectif. Verbe *marier*.

Martyre, supplice. *Martyr*, celui qui souffre le martyre (fém. *martyre*).

Matin, aube du jour. *Mâtin*, chien.

Maux, pluriel de mal. *Mot*, parole. *Meaux*, ville.

Messe, cérémomie. *Metz*, ville.

Mi, demi. *Mie* de pain, diminutif de *amie*. *Mi*, de musique. *M'y*, pour *me y*. Verbe *mettre*.

Mille, nombre, mesure itinéraire. *Mil*, adjectif ordinal.

Môle, digue. *Molle*, féminin de *Mou*.

Mors, partie de la bride. *Mort*, trépas, trépassé. *Maure*, africain.

Mou, nom et adjectif masculin. *Moue*, nom féminin. *Moût* de vin. Verbe *moudre*.

Mû, participe masculin. *Mue*, nom et participe féminin. Verbe *mouvoir*. Verbe *muer*.

Mûr, muraille. *Mûre*, fruit. *Mûr*, adjectif. Verbe *murer*.

Myrrhe, parfum. *Mire*, de *Mirer*. Verbe *mettre*. Verbe *mirer*.

Né, participe. *Nez*, nom masculin. Verbe *naître*.

Ni, conjonction. *Nid* d'oiseau. *N'y*, pour *ne y*. Verbe *nier*.

Nom, substantif. *Non*, adverbe. *N'ont*, pour *ne ont*.

Notre, adjectif. *Nôtre*, *nôtres*, pronoms.

Nu, adjectif. *Nue*, nom et adjectif féminin. *N'eus*, *n'eut*, etc.

Nuit, nom féminin. *Nuits*, ville. Verbe *nuire*.

Ombre, obscurité. *Hombre*, jeu. Verbe *ombrer*.

Oubli, absence de mémoire. *Oublie*, pâtisserie. Verbe *oublier*.

Oui, affirmation. *Ouï*, participe. *Ouïe*, un des cinq sens.

Pain, nourriture. *Pin*, arbre. *Peint*, participe. Verbe *peindre*.

Pair, égal. *Père*, qui a des enfants. *Paire*, couple. Verbe *perdre*.

Paix, concorde. *Paie*, paiement. Verbe *payer*.

Pal, pieu. *Pale*, nom féminin. *Pâle*, adjectif.

Palais, maison royale, partie de la bouche. *Palet*, disque.

Pan de mur, d'habit. *Paon*, oiseau. Verbe *pendre*.

Panser une plaie, un cheval. *Pensée*, fleur, idée. Verbe *penser*.

Par, préposition. *Part*, portion. Verbe *parer*. Verbe *partir*.

Parc, enclos. *Parques*, divinités. Verbe *parquer*.

Pari, gageure. *Paris*, ville. Verbe *parier*.

Pâte, farine pétrie. *Patte* d'animal.

Paume de la main. *Pomme*, fruit.

Pau, ville. *Peau*, nom féminin. *Pô*, fleuve. *Pot*, vase.

Pause, repos. *Pose*, position. Verbe *poser*.

Péché, faute. *Pêcher*, arbre. Verbe *pécher*. Verbe *pêcher*.

Pécheur, qui fait des fautes. *Pêcheur*, qui prend du poisson.

Peine, fatigue, douleur. *Pène* de serrure. Verbe *peiner*.

Peinte, participe féminin. *Pinte*, mesure.

Pic, cap élevé. *Pique*, arme. Verbe *piquer*.

Pieu, nom. *Pieux*, adjectif.

Plaid, de *plaider*. *Plaie*, blessure. Verbe *plaire*.

Plain, uni, plan. *Plein*, rempli. Verbe *plaindre*.

Plaine, surface plane. *Pleine*, féminin de *plein*.

Plainte, de *plaindre*. *Plinthe*, terme de menuiserie.

Plan, combinaison, surface plane. *Plant*, de *planter*.

Plutôt, de préférence. *Plus tôt*, moins tard.

Poêle, dais, voile, fourneau. *Poil*, soie.

Poids, de peser. *Pois*, légume. *Poix*, résine.

Poing, main fermée. *Point*, marque d'une pointe. Verbe *poindre*.

Pore, trou imperceptible à la peau. *Port* de mer, d'armes. *Porc*, animal.

Pouce, doigt. *Pousse*, de *pousser*. Verbe *pousser*.

Précédent, substantif. *Précédant*, participe présent.

Près, adverbe. *Prêt*, préparé, chose prêtée. *Pré*, prairie.

Président, substantif. *Présidant*, participe présent

Prix, valeur. *Pris*, participe. Verbe *prendre*.

Provin de vigne. *Provins*, ville. Verbe *provenir*.

Puis, adverbe. *Puits* d'eau. Verbe je *puis*.

Raie, ligne, poisson. *Rais* de roue. Verbe *rayer*.

Raiponce, plante. *Reponse*, de *répondre*.

Raisonner, discourir. *Résonner*, retentir.

Ras, masculin de *rase*. *Rat*, animal.

Rauque, adjectif. *Roc*, rocher.

Régal, bonne chère. *Régale*, droit royal. Verbe *régaler*.

Rein, partie du corps. *Rhin*, fleuve.

Reine, féminin de *roi*. *Rêne*, guide. *Renne*, animal. *Rennes*, ville.

Repaire, retraite de bêtes fauves. *Repère*, marque pour se retrouver.

Ris, de rire. *Riz*, légume. Verbe *rire*.

Rob, drogue. *Robe*, vêtement.

Roue de voiture. *Roux*, masculin de *rousse*.

Sale, adjectif. *Salle*, substantif féminin. Verbe *saler*.

Sandal, bois de teinture. *Sandale*, chaussure.

Satire, critique. *Satyre*, divinité mythologique.

Saule, arbre. *Sol*, terrain. *Sole*, poisson.

Saumure, eau salée. *Saumur*, ville.

Saur, fumé. *Saure*, jaune. *Sort*, destinée. Verbe *sortir*.

Saut, de *sauter*. *Seau*, vase. *Sceau*, cachet. *Sot*, de *sottise*. *Sceaux*, ville.

Sellier, ouvrier en *sellerie*. *Cellier*, où l'on met le vin.

Serin, oiseau. *Serein*, adjectif, vapeur du soir.

Site, situation. Verbe *citer*.

Soc de charrue. *Soque*, chaussure.

Soi, pronom. *Soie*, nom féminin. *Soit*, conjonction. Verbe *être*.

Sou, monnaie. *Soûl*, rassasié. *Sous*, préposition.

Statue, nom féminin. *Statut*, nom masculin. Verbe *statuer*.

Suffocant, adjectif. *Suffoquant*, participe présent.

Suie de *cheminée*. Verbe *suivre*. Verbe *être* (je suis).

Sur, préposition. *Sûr*, adjectif.

Ta, adjectif possessif. *Tas*, substantif.

Tacher, salir. *Tâcher*, s'efforcer.

Taie, toile d'oreiller, maladie de l'œil. *Tes*, adjectif possessif. *Têt*, étable à porcs, débris de vase cassé. *T'ai*, *t'es*, etc. Verbe *taire*.

Tain, étain pour glace. *Thym*, plante. *Teint*, nom et participe. Verbe *teindre*. Verbe *tenir* (je tins), etc.

Taire, infinitif. *Terre*, nom féminin. *Ter*, trois fois.

Tan de tanneur. *Temps*, durée. *Tant*, adverbe. *T'en*, pour *te en*. Verbe *tendre*.

Tante, féminin de oncle. *Tente*, toile tendue. Verbe *tenter*.

Taon, insecte. *Thon*, poisson. *Ton*, nom et adjectif. *T'ont*, pour *te ont*. Verbe *tondre*.

Taux, taxe. *Tôt*, adverbe. *Tau*, la lettre grecque T.

Teinte, nom et participe féminin. Verbe *tinter*.

Terme, fin. *Thermes*, bains.

Toi, pronom. *Toit*, couverture de maison.

Tors, tordu. *Tort*, faute. Verbe *tordre*.

Tortu, adjectif. *Tortue*, animal.

Toue, barque. *Toux*, de tousser. *Tout*, nom, pronom, adjectif et adverbe.

Tour, circuit, bâtiment. *Tours*, ville.

Trait, nom masculin. *Très*, adverbe. Verbe *traire*.

Tribu, nom féminin. *Tribut*, nom masculin.

Trois, nombre. *Troie*, *Troyes*, villes.

Trop, adverbe. *Trot*, nom.

Tyran, despote. *Tirant*, de *tirer*.

Vacant, adjectif. *Vaquant*, participe présent.

Vain, masculin de *vaine*. *Vin*, boisson. *Vingt*, nombre. Verbe *venir* (je vins, etc.).

Vaine, féminin de *vain*. *Veine*, canal pour le sang.

Van, de vannier. *Vent*, souffle. Verbe *vendre*.

Vanter, faire l'éloge. *Venter*, faire du vent.

Veau, petit de la vache. *Vaux*, pluriel de *val*. *Vos*, adjectif possessif. *Vaud*, pays. Verbe *valoir*.

Ver, insecte. *Verre*, corps vitrifié, coupe. *Vert*, adjectif. *Vers*, de versifier. *Vers*, préposition.

Verseau, constellation. *Verso*, envers d'un feuillet.

Vice, défaut. *Vis*, ce qui entre dans l'écrou. Verbe *visser*.

Vil, *vile*, adjectifs. *Ville*, nom féminin.

Voie, chemin, moyen. *Voix*, son. Verbe *voir*.

Votre, adjectif. *Vôtre*, *vôtres*, pronoms. Verbe *vautrer*.

Zéphir, vent doux. *Zéphyre*, divinité.

FIN DU PREMIER VOLUME.

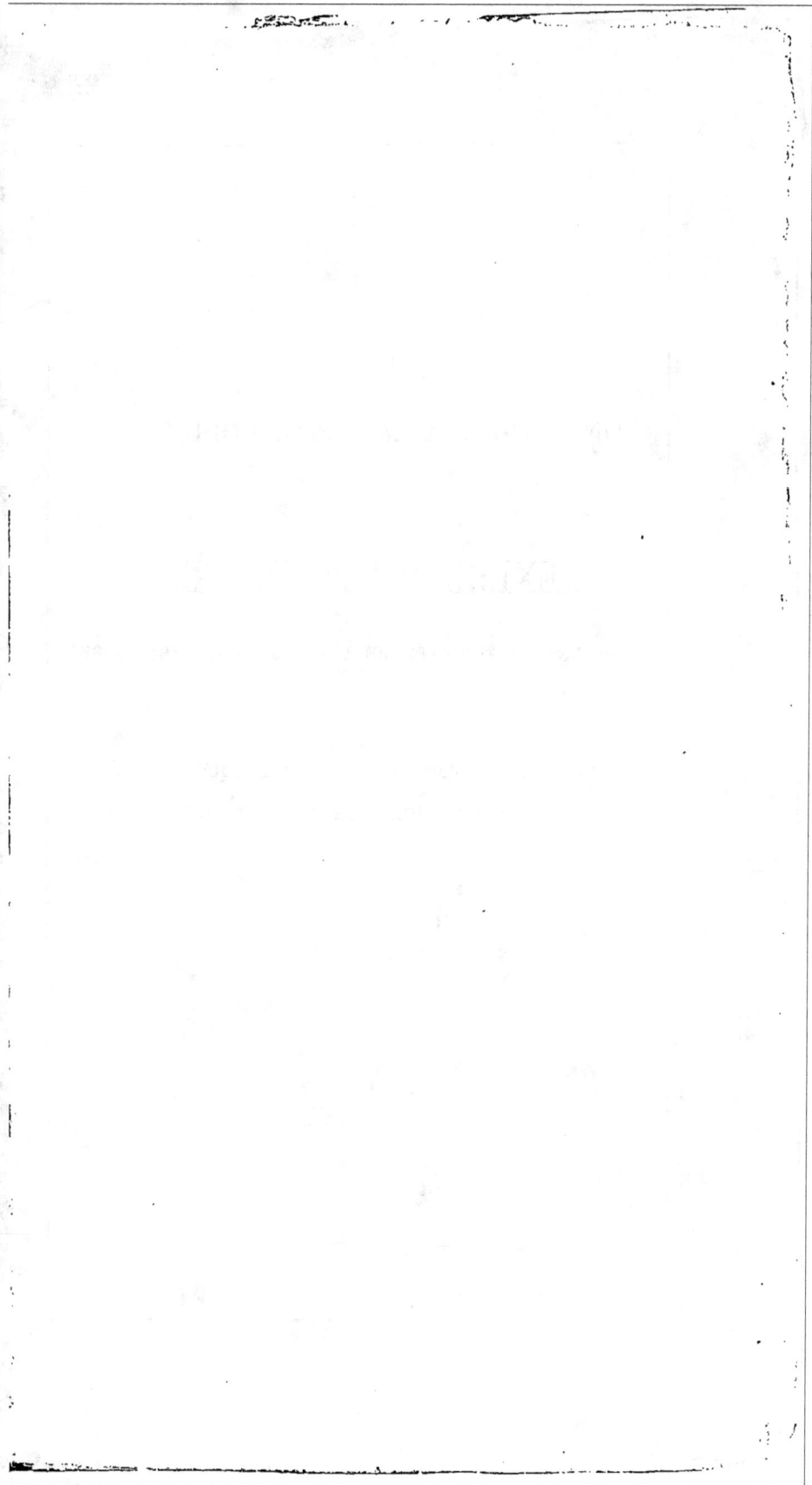

www.ingramcontent.com/pod-product-compliance
Lightning Source LLC
Chambersburg PA
CBHW072147270326
41931CB00010B/1920